Christine Reinholtz

# Übung macht Mathe-fit

Das Grundwissen mit wöchentlichem Aufgabenmix
nachhaltig üben

7. Klasse

D1725635

Kopiervorlagen mit Lösungen

Gedruckt auf umweltbewusst gefertigtem, chlorfrei gebleichtem
und alterungsbeständigem Papier.

1. Auflage 2012
Nach den seit 2006 amtlich gültigen Regelungen der Rechtschreibung
© by Brigg Pädagogik Verlag GmbH, Augsburg
Illustrationen: Martin Pfaender, Christine Reinholtz

ISBN 978-3-87101-846-6                                          www.brigg-paedagogik.de

# Inhalt

# Hinweise zum Einsatz der Arbeitsblätter

„Übung macht Mathe-fit" besteht aus 30 Kopiervorlagen mit Mathematikaufgaben aus den Themen der 7. Klasse und Wiederholungen aus der 5. und 6. Klasse, den dazugehörigen Lösungsbögen, einer Klassenarbeit als Beispiel und einem Vorbereitungsbogen für die Schüler. Zum gezielten Wiederholen gibt es außerdem einige themenbezogene Arbeitsbögen mit den benötigten Regeln.

## Die Arbeitsbögen verfolgen zwei Ziele:

### 1. Ständige Wiederholung wichtigen Grundwissens

Jede Lehrkraft kennt das Problem: Vor Beginn eines neuen Themas müssen erst noch einmal die Voraussetzungen wiederholt werden. Und dann stellt sich heraus, dass ein Schüler in diesem Thema und eine Schülerin in jenem Thema nicht mehr fit sind. Hier setzt „Übung macht Mathe-fit" an.

Jeder Arbeitsbogen enthält 20 Aufgaben aus verschiedenen Bereichen der Mathematik – vom Kopfrechnen über schriftliches Rechnen mit Dezimalzahlen, Bruchrechnen, Umrechnen von Größen, Flächen- und Volumenberechnungen bis hin zur Geometrie – und ermöglicht dadurch ein ständiges Wiederholen der wichtigen Themen. Zusätzlich beinhalten die Arbeitsbögen Aufgaben, die auf die Vergleichsarbeiten bzw. VERA in der 8. Klasse vorbereiten.

Gerade die Mischung der Aufgaben aus verschiedenen Bereichen ist wichtig, weil sie zum einen die Schülerinnen und Schüler fordert, immer wieder neu zu denken und sich auf andere Aufgaben umzustellen, statt mechanisch Aufgaben zu einem Thema abzuarbeiten. Auf der anderen Seite macht diese Mischung jeden neuen Arbeitsbogen für die Schülerinnen und Schüler auch wieder interessant und verhindert, dass ein Schüler bei einem Arbeitsbogen nur Misserfolge erlebt.

### 2. Stärkung der Eigenverantwortlichkeit und der Selbstständigkeit

Mithilfe der Arbeitsbögen lernen die Schülerinnen und Schüler, dass sie für ihr eigenes Lernen selbst zuständig sind. Deshalb haben sie bei mir die Pflicht, alle Aufgaben auf einem Arbeitsbogen zu lösen. Ich teile die Arbeitsbögen immer am gleichen Wochentag aus und gebe ihnen dann genau eine Woche für die Bearbeitung Zeit. Diese Zeit müssen sie sich selbst einteilen. Sollten sie bei einzelnen Aufgaben Schwierigkeiten haben, müssen sie sich rechtzeitig Hilfe bei Mitschülerinnen/Mitschülern oder Lehrkräften holen. Die Ausrede, dass jemand etwas nicht konnte, gibt es nicht mehr. Meine Schülerinnen und Schüler wissen, dass diese Arbeitsbögen eine Hilfe für sie darstellen. Nach einer Woche überprüfe ich alle Arbeitsbögen auf falsch oder richtig. Und alle Schüler haben dann die Aufgabe, innerhalb der nächsten Woche die Fehler zu berichtigen. Nach dieser Woche überprüfe ich nach dem Zufallsprinzip vier berichtigte Arbeitsbögen und zensiere sie.

Um die Bedeutung des eigenen Arbeitens noch mehr herauszustellen, gibt es in jeder Klassenarbeit zwei bis drei Aufgaben aus den letzten Mathe-fit-Bögen und/oder eine Klassenarbeit, die nur Aufgaben aus den Mathe-fit-Bögen enthält. Zur Vorbereitung auf diese Klassenarbeit erhalten die Schülerinnen und Schüler den Arbeitsbogen zur Vorbereitung auf die Klassenarbeit. Jeder für sich geht damit noch einmal die letzten Arbeitsbögen durch und trägt ein, welche Themen er oder sie noch nicht so gut konnte und was dementsprechend noch einmal geübt werden muss.

Viel Erfolg beim Einsatz von „Übung macht Mathe-fit" wünscht Ihnen

Christine Reinholtz

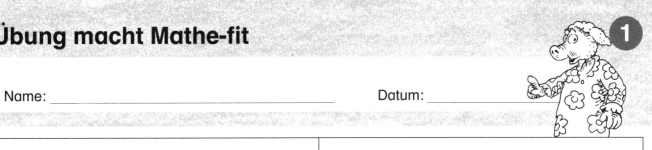
Name: _____    Datum: _____

**Berechne im Kopf.**

1. $2,5 + 7,2 =$ _____

2. $13,3 + 6,7 =$ _____

3. $14,6 + 2,75 =$ _____

4. $18,32 + 9,9 =$ _____

5. $24,55 + 5,85 =$ _____

**Rechne um.**

6. $3,8 \text{ km} =$ _____ m

7. $45 \text{ m} =$ _____ cm

8. $57 \text{ mm} =$ _____ m

9. $2 \text{ km } 70 \text{ m} =$ _____ km

10. $8 \text{ dm } 4 \text{ mm} =$ _____ cm

**Gib als Dezimalzahl an.**

11. $\dfrac{1}{2} =$ _____

12. $\dfrac{9}{100} =$ _____

13. $\dfrac{3}{8} =$ _____

14. $\dfrac{5}{2} =$ _____

15. Spiegele die Figur an der Symmetrieachse s.

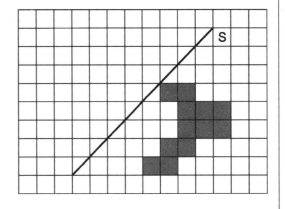

16. Zeichne einen Würfel mit einer Seitenlänge von 4 cm im Schrägbild.

17. Berechne das Volumen des Würfels.

$V =$ _____

**Berechne.**

18. $3 + 9 \cdot 7 - 14 : 2 =$ _____

19. $9 \cdot (30 - 16) : 2 + 6 =$ _____

20. $8 + (64 - 2 \cdot (15 + 6)) =$ _____

Name: _____    Datum: _____

---

**Berechne im Kopf.**

1. $2,5 + 7,2 = $ **9,7**

2. $13,3 + 6,7 = $ **20**

3. $14,6 + 2,75 = $ **17,35**

4. $18,32 + 9,9 = $ **28,22**

5. $24,55 + 5,85 = $ **30,4**

**Rechne um.**

6. $3,8 \text{ km} = $ **3 800** m

7. $45 \text{ m} = $ **4 500** cm

8. $57 \text{ mm} = $ **0,057** m

9. $2 \text{ km } 70 \text{ m} = $ **2,070** km

10. $8 \text{ dm } 4 \text{ mm} = $ **80,4** cm

---

**Gib als Dezimalzahl an.**

11. $\dfrac{1}{2} = $ **0,5**

12. $\dfrac{9}{100} = $ **0,09**

13. $\dfrac{3}{8} = $ **0,375**

14. $\dfrac{5}{2} = $ **2,5**

15. Spiegele die Figur an der Symmetrieachse s.

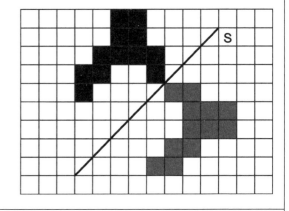

---

16. Zeichne einen Würfel mit einer Seitenlänge von 4 cm im Schrägbild.

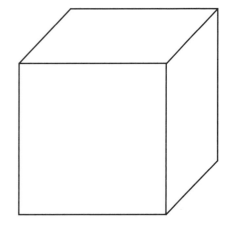

17. Berechne das Volumen des Würfels.

$V = $ **64 cm**$^3$

---

**Berechne.**

18. $3 + 9 \cdot 7 - 14 : 2 = $ **$3 + 63 - 7 = 59$**

19. $9 \cdot (30 - 16) : 2 + 6 = $ **$9 \cdot 14 : 2 + 6 = 63 + 6 = 69$**

20. $8 + (64 - 2 \cdot (15 + 6)) = $ **$8 + (64 - 2 \cdot 21) = 8 + 64 - 42 = 30$**

Christine Reinholtz: Übung macht Mathe-fit · 7. Klasse · Best.-Nr. 846

# Übung macht Mathe-fit

Name: _____     Datum: _____

---

Berechne im Kopf.

1. $12,7 \cdot 1\,000$ = _____

2. $8,9 \cdot 20$ = _____

3. $14,5 \cdot 3\,000$ = _____

4. $0,7 \cdot 50$ = _____

5. $0,6 \cdot 120$ = _____

6. $\dfrac{1}{5} + \dfrac{3}{20}$ = _____

7. $\dfrac{7}{8} + \dfrac{9}{10}$ = _____

8. $\dfrac{5}{9} + \dfrac{3}{4}$ = _____

9. $\dfrac{8}{15} + \dfrac{9}{20}$ = _____

---

10. Addiere alle Zahlen.

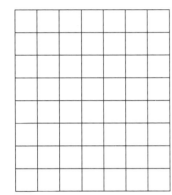

11. Subtrahiere alle Zahlen von der größten Zahl.

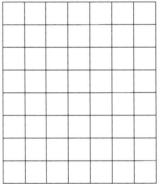

89,34    198,3

256,29

7,25

65,4

834,56

---

12. Welche Temperaturen sind eingezeichnet?

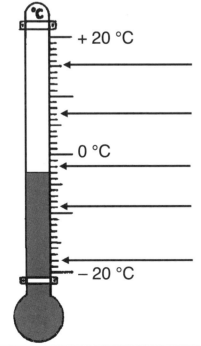

In einem Haus mit 3 Etagen wohnen 20 Leute über anderen und 17 Leute unter anderen. Unten wohnen 6 Leute.

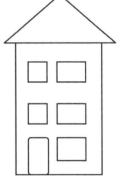

13. Auf der mittleren Etage wohnen _____ Leute.

14. In dem Haus wohnen insgesamt _____ Leute.

---

Runde auf eine Stelle nach dem Komma.

15. $13,472 \approx$ _____

16. $2,0827 \approx$ _____

17. $0,4501 \approx$ _____

Setze <, = oder > ein.

18. $\dfrac{7}{8}$ ☐ $\dfrac{7}{9}$

19. $\dfrac{2}{3}$ ☐ $\dfrac{9}{12}$

20. $\dfrac{4}{7}$ ☐ $\dfrac{2}{3}$

# Übung macht Mathe-fit *(Lösungsbogen)*

Name: _____  Datum: _____

---

**Berechne im Kopf.**

1. $12,7 \cdot 1\,000 = $ **12 700**

2. $8,9 \cdot 20 = $ **178**

3. $14,5 \cdot 3\,000 = $ **43 500**

4. $0,7 \cdot 50 = $ **35**

5. $0,6 \cdot 120 = $ **72**

6. $\dfrac{1}{5} + \dfrac{3}{20} = \dfrac{4}{20} + \dfrac{3}{20} = \dfrac{7}{20}$

7. $\dfrac{7}{8} + \dfrac{9}{10} = \dfrac{35}{40} + \dfrac{36}{40} = \dfrac{71}{20} = 1\dfrac{31}{40}$

8. $\dfrac{5}{9} + \dfrac{3}{4} = \dfrac{20}{36} + \dfrac{27}{36} = \dfrac{47}{36} = 1\dfrac{11}{36}$

9. $\dfrac{8}{15} + \dfrac{9}{20} = \dfrac{32}{60} + \dfrac{27}{60} = \dfrac{59}{60}$

---

10. **Addiere alle Zahlen.**

|   |   | 8 | 3 | 4, | 5 | 6 |
|---|---|---|---|----|---|---|
| + |   |   | 8 | 9, | 3 | 4 |
| + |   | 1 | 9 | 8, | 3 | 0 |
| + |   | 2 | 5 | 6, | 2 | 9 |
| + |   |   |   | 7, | 2 | 5 |
| + |   |   | 6 | 5, | 4 | 0 |
|   | 1 | 3 | 4 | 2  | 2 |   |
|   | 1 | 4 | 5 | 1, | 1 | 4 |

89,34   198,3   7,25   256,29   65,4   834,56

11. **Subtrahiere alle Zahlen von der größten Zahl.**

|   |   | 8 | 3 | 4, | 5 | 6 |
|---|---|---|---|----|---|---|
| − |   |   | 8 | 9, | 3 | 4 |
| − |   | 1 | 9 | 8, | 3 | 0 |
| − |   | 2 | 5 | 6, | 2 | 9 |
| − |   |   |   | 7, | 2 | 5 |
| − |   |   | 6 | 5, | 4 | 0 |
|   |   | 3 | 4 | 2  | 2 |   |
|   |   | 2 | 1 | 7, | 9 | 8 |

---

12. **Welche Temperaturen sind eingezeichnet?**

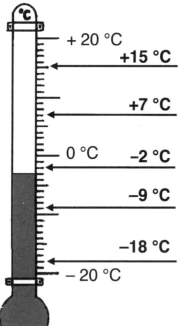

+15 °C
+7 °C
−2 °C
−9 °C
−18 °C

In einem Haus mit 3 Etagen wohnen 20 Leute über anderen und 17 Leute unter anderen. Unten wohnen 6 Leute.

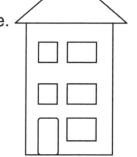

13. Auf der mittleren Etage wohnen **11** Leute.

14. In dem Haus wohnen insgesamt **26** Leute.

**Runde auf eine Stelle nach dem Komma.**

15. $13,472 \approx$ **13,5**

16. $2,0827 \approx$ **2,1**

17. $0,4501 \approx$ **0,5**

**Setze <, = oder > ein.**

18. $\dfrac{7}{8}$ **>** $\dfrac{7}{9}$

19. $\dfrac{2}{3}$ **<** $\dfrac{9}{12}$

20. $\dfrac{4}{7}$ **<** $\dfrac{2}{3}$

Christine Reinholtz: Übung macht Mathe-fit · 7. Klasse · Best.-Nr. 846

# Übung macht Mathe-fit

Name: _____  Datum: _____

---

**Berechne im Kopf.**

1. $17,8 - 3,9 = $ _____

2. $68,7 - 9,4 = $ _____

3. $33,6 - 12,8 = $ _____

4. $28,75 - 6,8 = $ _____

---

**Wie lange dauert es?**

5. 12.23 bis 18.12 Uhr _____ h _____ min

6. 7.46 bis 14.16 Uhr _____ h _____ min

7. 9.42 bis 21.56 Uhr _____ h _____ min

8. 20.32 bis 7.44 Uhr _____ h _____ min

---

**Berechne den Teil.**

9. $\frac{1}{8}$ von 56 kg = _____

10. $\frac{2}{3}$ von 36 m = _____

11. $\frac{5}{6}$ von 180 min = _____

12. $\frac{5}{9}$ von 45 km = _____

---

13. **Dividiere schriftlich.**

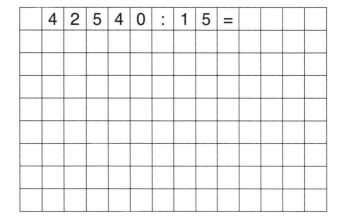

$$4\ 2\ 5\ 4\ 0 : 1\ 5 =$$

---

14. **Zeichne das Muster in der gleichen Größe rechts noch einmal.**

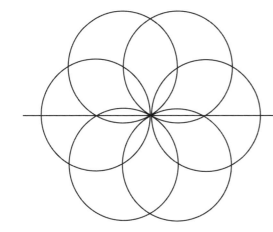

---

**Runde auf Tausendstel.**

15. $23,6425 \approx$ _____

16. $6,91871 \approx$ _____

17. $0,20990 \approx$ _____

---

**Welche Zahl musst du für a einsetzen?**

18. $6 \cdot a + 12 = 102$  a = _____

19. $65 - 4 \cdot a = 33$  a = _____

20. $78 : a + 21 = 34$  a = _____

# Übung macht Mathe-fit *(Lösungsbogen)*

Name: _____    Datum: _____

---

**Berechne im Kopf.**

1. $17,8 - 3,9 =$ **13,9**

2. $68,7 - 9,4 =$ **59,3**

3. $33,6 - 12,8 =$ **20,8**

4. $28,75 - 6,8 =$ **21,95**

---

**Wie lange dauert es?**

5. 12.23 bis 18.12 Uhr  **5 h 49 min**

6. 7.46 bis 14.16 Uhr  **6 h 30 min**

7. 9.42 bis 21.56 Uhr  **12 h 14 min**

8. 20.32 bis 7.44 Uhr  **11 h 12 min**

---

**Berechne den Teil.**

9. $\frac{1}{8}$ von 56 kg = **7 kg**

10. $\frac{2}{3}$ von 36 m = **24 m**

11. $\frac{5}{6}$ von 180 min = **150 min**

12. $\frac{5}{9}$ von 45 km = **25 km**

---

13. **Dividiere schriftlich.**

$$
\begin{array}{r}
4\,2\,5\,4\,0 : 1\,5 = 2\,8\,3\,6 \\
-\ 3\,0 \phantom{0} \\
\hline
1\,2\,5 \\
-\ 1\,2\,0 \\
\hline
5\,4 \\
-\ 4\,5 \\
\hline
9\,0 \\
9\,0 \\
\hline
0
\end{array}
$$

---

14. **Zeichne das Muster in der gleichen Größe rechts noch einmal.**

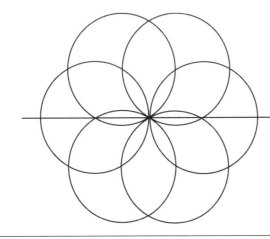 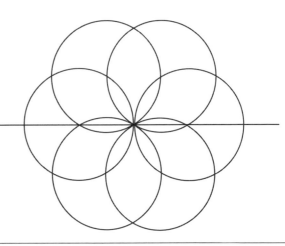

---

**Runde auf Tausendstel.**

15. $23,6425 \approx$ **23,643**

16. $6,91871 \approx$ **6,919**

17. $0,20990 \approx$ **0,210**

---

**Welche Zahl musst du für a einsetzen?**

18. $6 \cdot a + 12 = 102$  **a = 15**

19. $65 - 4 \cdot a = 33$  **a = 8**

20. $78 : a + 21 = 34$  **a = 6**

Christine Reinholtz: Übung macht Mathe-fit · 7. Klasse · Best.- Nr. 846

# Übung macht Mathe-fit

Name: _____   Datum: _____

## Berechne im Kopf.

**1.**  248 : 4  =  _____

**2.**  369 : 9  =  _____

**3.**  364 : 7  =  _____

**4.**  470 : 5  =  _____

**5.**  504 : 8  =  _____

## Rechne um.

**6.**  4 min 25 s  =  _____ s

**7.**  580 min  =  _____ h _____ min

**8.**  92 s  =  _____ min _____ s

**9.**  500 s  =  _____ min _____ s

**10.**  1 h  =  _____ s

## Miss die Winkel.

**11.**  α  =  _____

**12.**  β  =  _____

**13.**  γ  =  _____

**14.**  δ  =  _____

**15.**  ε  =  _____

**16.**  ω  =  _____

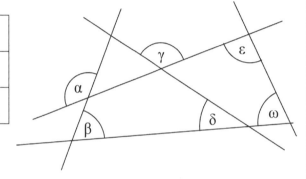

**17.**  Zeichne das Dreieck
A (2|4),
B (6|1),
C (4|6).

**18.**  Verschiebe das Dreieck so,
dass A' bei (9/6) liegt.

**19.**  Die neuen Koordinaten sind:

B' ( _____ | _____ )

C' ( _____ | _____ )

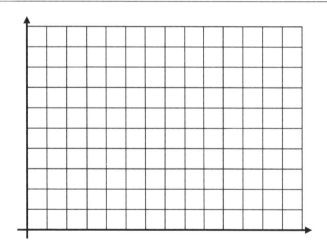

**20.**  In einem Supermarkt kostet eine Tafel Schokolade 90 ct. 3 Tafeln gibt es im Sonderangebot für 2,40 € und 5 Tafeln für 4 €. Berechne für die angegebenen Mengen immer den günstigsten Preis.

| Anzahl der Tafeln | 2 | 3 | 4 | 5 | 6 | 7 | 8 | 9 | 10 |
|---|---|---|---|---|---|---|---|---|---|
| Preis in € | | | | | | | | | |

# Übung macht Mathe-fit *(Lösungsbogen)*

Name: _____  Datum: _____

---

**Berechne im Kopf.**

1. $248 : 4 = $ **62**
2. $369 : 9 = $ **41**
3. $364 : 7 = $ **52**
4. $470 : 5 = $ **94**
5. $504 : 8 = $ **63**

**Rechne um.**

6. $4 \text{ min } 25 \text{ s} = $ **265** s
7. $580 \text{ min} = $ **9** h **40** min
8. $92 \text{ s} = $ **1** min **32** s
9. $500 \text{ s} = $ **8** min **20** s
10. $1 \text{ h} = $ **3 600** s

---

**Miss die Winkel.**

11. $\alpha = $ **132°**
12. $\beta = $ **64°**
13. $\gamma = $ **127°**
14. $\delta = $ **36°**
15. $\varepsilon = $ **95°**
16. $\omega = $ **68°**

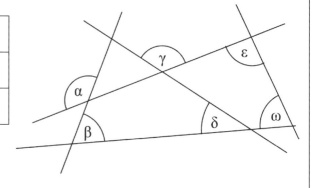

---

17. Zeichne das Dreieck
A (2|4),
B (6|1),
C (4|6).

18. Verschiebe das Dreieck so, dass A' bei (9/6) liegt.

19. Die neuen Koordinaten sind:
B' (**13|3**)
C' (**11|8**)

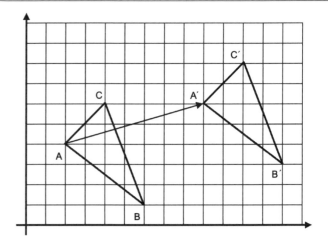

---

20. In einem Supermarkt kostet eine Tafel Schokolade 90 ct. 3 Tafeln gibt es im Sonderangebot für 2,40 € und 5 Tafeln für 4 €. Berechne für die angegebenen Mengen immer den günstigsten Preis.

| Anzahl der Tafeln | 2 | 3 | 4 | 5 | 6 | 7 | 8 | 9 | 10 |
|---|---|---|---|---|---|---|---|---|---|
| Preis in € | 1,80 | 2,40 | 3,30 | 4 | 4,80 | 5,70 | 6,40 | 7,20 | 8 |

Christine Reinholtz: Übung macht Mathe-fit · 7. Klasse · Best.-Nr. 846

# Übung macht Mathe-fit

Name: _____  Datum: _____

1. $\dfrac{5}{12} - \dfrac{1}{3} =$ _____

2. $\dfrac{1}{2} - \dfrac{1}{5} =$ _____

3. $\dfrac{5}{6} - \dfrac{5}{9} =$ _____

4. $\dfrac{7}{8} - \dfrac{5}{12} =$ _____

5. $\dfrac{2}{3} - \dfrac{3}{8} =$ _____

## Aus wie vielen Würfeln bestehen die Würfelberge?

6. 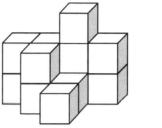 ☐

7. 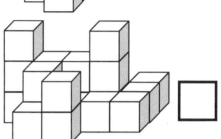 ☐

Die 24 Schüler der 7c wurden nach ihrem Lieblingsessen befragt. Wie viele Schüler essen am liebsten

8. Döner? _____

9. Pizza? _____

10. Pommes? _____

11. Hamburger? _____

12. Spaghetti? _____

13. Fisch? _____

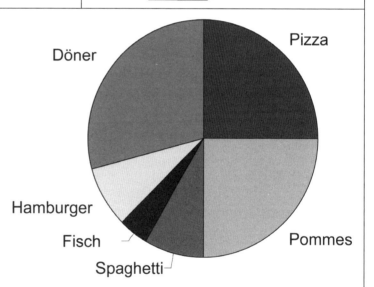

14. Anna springt beim Weitsprung 60 cm weniger als das Dreifache der Hälfte von 3 m.

Sie springt _____ m.

Rechne um.

15. 9 t 24 kg = _____ kg

16. 25 g 6 mg = _____ mg

17. 29 kg 30 g = _____ kg

18. 240 g 70 mg = _____ mg

## Welcher Anteil ist gefärbt?

19. _____

20. _____

Name: _____  Datum: _____

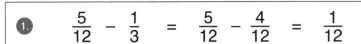

---

1. $\dfrac{5}{12} - \dfrac{1}{3} = \dfrac{5}{12} - \dfrac{4}{12} = \dfrac{1}{12}$

2. $\dfrac{1}{2} - \dfrac{1}{5} = \dfrac{5}{10} - \dfrac{2}{10} = \dfrac{3}{10}$

3. $\dfrac{5}{6} - \dfrac{5}{9} = \dfrac{15}{18} - \dfrac{10}{18} = \dfrac{5}{18}$

4. $\dfrac{7}{8} - \dfrac{5}{12} = \dfrac{21}{24} - \dfrac{10}{24} = \dfrac{11}{24}$

5. $\dfrac{2}{3} - \dfrac{3}{8} = \dfrac{16}{24} - \dfrac{9}{24} = \dfrac{7}{24}$

### Aus wie vielen Würfeln bestehen die Würfelberge?

6.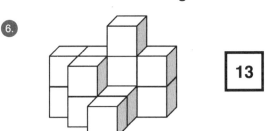

$\boxed{13}$

7.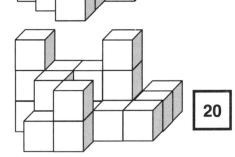

$\boxed{20}$

---

Die 24 Schüler der 7c wurden nach ihrem Lieblingsessen befragt.
Wie viele Schüler essen am liebsten

8. Döner? **7**

9. Pizza? **6**

10. Pommes? **6**

11. Hamburger? **2**

12. Spaghetti? **2**

13. Fisch? **1**

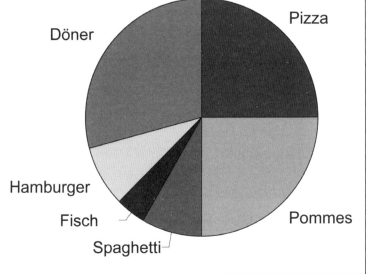

---

14. Anna springt beim Weitsprung 60 cm weniger als das Dreifache der Hälfte von 3 m.

Sie springt **3,90** m.

---

Rechne um.

15. 9 t 24 kg = **9 024** kg

16. 25 g 6 mg = **25 006** mg

17. 29 kg 30 g = **29,03** kg

18. 240 g 70 mg = **240 070** mg

### Welcher Anteil ist gefärbt?

19. $\dfrac{7}{12}$

20. $\dfrac{5}{11}$

Christine Reinholtz: Übung macht Mathe-fit · 7. Klasse · Best.-Nr. 846

# Übung macht Mathe-fit

Name: _____     Datum: _____

## Ergänze.

1. 14,95 + _____ = 100

2. 32,66 + _____ = 100

3. 28,47 + _____ = 100

4.  6,305 + _____ = 100

5. 51,888 + _____ = 100

## Kleiner, größer oder gleich? Setze das richtige Zeichen ein.

6. $\dfrac{3}{8}$ ☐ $\dfrac{3}{9}$

7. $\dfrac{21}{28}$ ☐ $\dfrac{3}{4}$

8. $\dfrac{2}{3}$ ☐ $\dfrac{3}{4}$

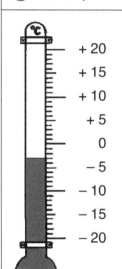

## Im Laufe des Tages verändern sich draußen die Temperaturen. Berechne die neuen Temperaturen.

| | Anfangstemperatur | Veränderung | Endtemperatur |
|---|---|---|---|
| 9. | +3 °C | 5 °C kälter | |
| 10. | −4 °C | 7 °C wärmer | |
| 11. | +10 °C | 18 °C kälter | |
| 12. | −12 °C | 5 °C wärmer | |
| 13. | −19 °C | 25 °C wärmer | |

14. Zeichne über der Strecke $\overline{AB}$ ein gleichseitiges Dreieck.

15. Zeichne alle Symmetrieachsen ein.

A

B

## Berechne.

16. $(19 + 3 \cdot 4 − 1) : 5 + 7 \cdot 2 =$

_____

17. $(5 + 8) \cdot 9 − 48 : 8 + 2 \cdot (18 − 5) =$

_____

## Setze <, = oder > ein.

18. 3,06 t ☐ 370 kg

19. 4,2 dm ☐ 0,42 m

20. 150 s ☐ 3 min

Name: _____  Datum: _____

## Ergänze.

**1.** $14{,}95 + \mathbf{85{,}05} = 100$

**2.** $32{,}66 + \mathbf{67{,}34} = 100$

**3.** $28{,}47 + \mathbf{71{,}53} = 100$

**4.** $6{,}305 + \mathbf{93{,}695} = 100$

**5.** $51{,}888 + \mathbf{48{,}112} = 100$

## Kleiner, größer oder gleich? Setze das richtige Zeichen ein.

**6.** $\dfrac{3}{8}$ $\boxed{>}$ $\dfrac{3}{9}$

**7.** $\dfrac{21}{28}$ $\boxed{=}$ $\dfrac{3}{4}$

**8.** $\dfrac{2}{3}$ $\boxed{<}$ $\dfrac{3}{4}$

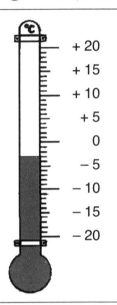

Im Laufe des Tages verändern sich draußen die Temperaturen. Berechne die neuen Temperaturen.

| | Anfangstemperatur | Veränderung | Endtemperatur |
|---|---|---|---|
| **9.** | +3 °C | 5 °C kälter | **−2 °C** |
| **10.** | −4 °C | 7 °C wärmer | **+3 °C** |
| **11.** | +10 °C | 18 °C kälter | **−8 °C** |
| **12.** | −12 °C | 5 °C wärmer | **−7 °C** |
| **13.** | −19 °C | 25 °C wärmer | **+6 °C** |

**14.** Zeichne über der Strecke $\overline{AB}$ ein gleichseitiges Dreieck.

**15.** Zeichne alle Symmetrieachsen ein.

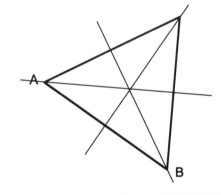

## Berechne.

**16.** $(19 + 3 \cdot 4 - 1) : 5 + 7 \cdot 2 =$

$(19 + 12 - 1) : 5 + 14 = 6 + 14 = \mathbf{20}$

**17.** $(5 + 8) \cdot 9 - 48 : 8 + 2 \cdot (18 - 5) =$

$13 \cdot 9 - 6 + 2 \cdot 13 = 117 - 6 + 26 = \mathbf{137}$

## Setze <, = oder > ein.

**18.** $3{,}06$ t $\boxed{>}$ 370 kg

**19.** $4{,}2$ dm $\boxed{=}$ 0,42 m

**20.** 150 s $\boxed{<}$ 3 min

Christine Reinholtz · Übung macht Mathe-fit · 7. Klasse · Best.-Nr. 846

Name: _____     Datum: _____

---

**1.** $\dfrac{2}{3} \cdot \dfrac{5}{8} =$ _____

**2.** $\dfrac{7}{9} \cdot \dfrac{3}{10} =$ _____

**3.** $\dfrac{9}{14} \cdot \dfrac{2}{27} =$ _____

**4.** $\dfrac{7}{8} \cdot \dfrac{12}{35} =$ _____

**5.** $\dfrac{4}{5} \cdot \dfrac{15}{32} =$ _____

Setze die Rechenzeichen +, −, • oder : so ein, dass die Aufgaben richtig sind.

**6.** 5    5    5    5    =    50

**7.** 5    5    5    5    =    120

**8.** 5    5    5    5    =    24

**9.** Berechne die Oberfläche des Würfels.

O = _____

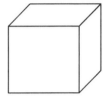

7 cm

---

**10.** Vergrößere die Figur im Maßstab 3:1.

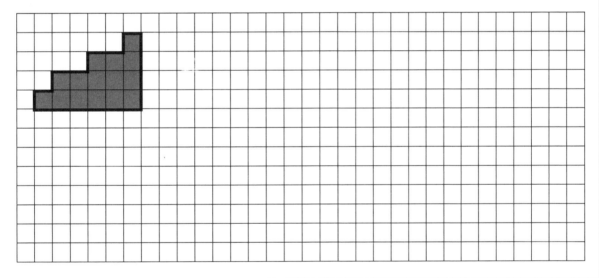

---

Rechne die Flächeneinheiten um.

**11.** $40 \text{ cm}^2 =$ _____ $\text{dm}^2$

**12.** $2 \text{ m}^2 =$ _____ $\text{cm}^2$

**13.** $160 \text{ dm}^2 =$ _____ $\text{m}^2$

**14.** $50\,000 \text{ mm}^2 =$ _____ $\text{cm}^2$

**15.** $700\,000 \text{ m}^2 =$ _____ $\text{km}^2$

Berechne im Kopf.

**16.** $72 : 18 =$ _____

**17.** $207 : 23 =$ _____

**18.** $102 : 17 =$ _____

**19.** $225 : 25 =$ _____

**20.** $192 : 32 =$ _____

Name: _____  Datum: _____

**1.** $\dfrac{2}{3} \cdot \dfrac{5}{8} = \dfrac{5}{12}$

**2.** $\dfrac{7}{9} \cdot \dfrac{3}{10} = \dfrac{7}{30}$

**3.** $\dfrac{9}{14} \cdot \dfrac{2}{27} = \dfrac{1}{21}$

**4.** $\dfrac{7}{8} \cdot \dfrac{12}{35} = \dfrac{3}{10}$

**5.** $\dfrac{4}{5} \cdot \dfrac{15}{32} = \dfrac{3}{8}$

Setze die Rechenzeichen +, –, • oder : so ein, dass die Aufgaben richtig sind.

**6.** $5 \cdot 5 + 5 \cdot 5 = 50$

**7.** $5 \cdot 5 \cdot 5 - 5 = 120$

**8.** $5 \cdot 5 - 5 : 5 = 24$

**9.** Berechne die Oberfläche des Würfels.

$O = 6 \cdot 49 = 294 \text{ cm}^2$

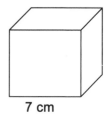

7 cm

**10.** Vergrößere die Figur im Maßstab 3:1.

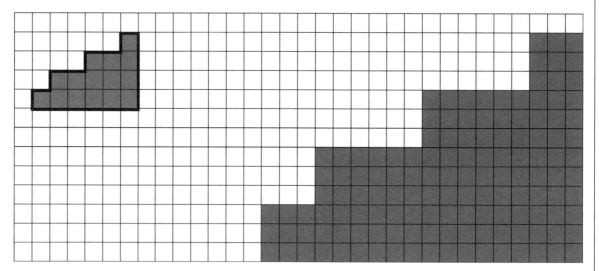

Rechne die Flächeneinheiten um.

**11.** $40 \text{ cm}^2 = \mathbf{0{,}4} \text{ dm}^2$

**12.** $2 \text{ m}^2 = \mathbf{20\,000} \text{ cm}^2$

**13.** $160 \text{ dm}^2 = \mathbf{1{,}6} \text{ m}^2$

**14.** $50\,000 \text{ mm}^2 = \mathbf{500} \text{ cm}^2$

**15.** $700\,000 \text{ m}^2 = \mathbf{0{,}7} \text{ km}^2$

Berechne im Kopf.

**16.** $72 : 18 = \mathbf{4}$

**17.** $207 : 23 = \mathbf{9}$

**18.** $102 : 17 = \mathbf{6}$

**19.** $225 : 25 = \mathbf{9}$

**20.** $192 : 32 = \mathbf{6}$

Christine Reinholtz: Übung macht Mathe-fit · 7. Klasse · Best.-Nr. 846

Name: _____  Datum: _____

---

Berechne. Kürze, wenn möglich.

**1.** $\dfrac{4}{5}$ : 2 = _____

**2.** $\dfrac{3}{10}$ : 12 = _____

**3.** $\dfrac{7}{8}$ : 7 = _____

**4.** $\dfrac{8}{5}$ : 12 = _____

Berechne.

**5.** 10 % von 75 € _____

**6.** 20 % von 800 km _____

**7.** 5 % von 30 kg _____

**8.** 80 % von 200 € _____

**9.** Eine Jeans kostet 88 €. Im Ausverkauf ist sie 25 % billiger.

Jetzt kostet sie _____.

---

Berechne die fehlenden Größen von folgenden Rechtecken.

|  | **10.** | **11.** | **12.** | **13.** | **14.** | **15.** |
|---|---|---|---|---|---|---|
| Rechteck: | a) | b) | c) | d) | e) | f) |
| Seite a | 5 cm | 9 cm | 6 cm |  |  | 9 cm |
| Seite b | 28 cm | 12 cm |  | 18 cm | 13 cm |  |
| Umfang u |  |  |  | 76 cm |  | 32 cm |
| Flächeninhalt A |  |  | 72 cm² |  | 182 cm² |  |

---

Die 7. Klasse misst morgens und nachmittags die Temperaturen.

|  | Mo | DI | MI | Do | Fr | Sa |
|---|---|---|---|---|---|---|
| 9 Uhr | 9 °C | 3 °C | 5 °C | 10 °C | 9 °C | 6 °C |
| 15 Uhr | 14 °C | 10 °C | 8 °C | 14 °C | 15 °C | 8 °C |

**16.** Zeichne ein geeignetes Diagramm mit den Temperaturkurven für morgens und nachmittags.

**17.** Der größte Unterschied zwischen morgens und nachmittags ist am _____

**18.** Der geringste Unterschied zwischen morgens und nachmittags ist am _____

**19.** Morgens beträgt die Durchschnittstemperatur _____

**20.** Nachmittags beträgt die Durchschnittstemperatur _____

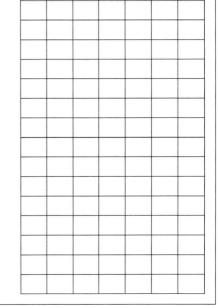

Name: _____  Datum: _____

---

Berechne. Kürze, wenn möglich.

**1.** $\dfrac{4}{5} : 2 = \dfrac{2}{5}$

**2.** $\dfrac{3}{10} : 12 = \dfrac{1}{40}$

**3.** $\dfrac{7}{8} : 7 = \dfrac{1}{8}$

**4.** $\dfrac{8}{5} : 12 = \dfrac{2}{15}$

Berechne.

**5.** 10 % von 75 €     **7,50 €**

**6.** 20 % von 800 km     **160 km**

**7.** 5 % von 30 kg     **1,5 kg**

**8.** 80 % von 200 €     **160 €**

**9.** Eine Jeans kostet 88 €. Im Ausverkauf ist sie 25 % billiger.

Jetzt kostet sie **66 €**.

---

Berechne die fehlenden Größen von folgenden Rechtecken.

|  | **10.** a) | **11.** b) | **12.** c) | **13.** d) | **14.** e) | **15.** f) |
|---|---|---|---|---|---|---|
| Rechteck: | a) | b) | c) | d) | e) | f) |
| Seite a | 5 cm | 9 cm | 6 cm | **20 cm** | **14 cm** | 9 cm |
| Seite b | 28 cm | 12 cm | **12 cm** | 18 cm | 13 cm | **7 cm** |
| Umfang u | **66 cm** | **42 cm** | **36 cm** | 76 cm | **54 cm** | 32 cm |
| Flächeninhalt A | **140 cm²** | **108 cm²** | 72 cm² | **360 cm²** | 182 cm² | **63 cm²** |

---

Die 7. Klasse misst morgens und nachmittags die Temperaturen.

|  | Mo | DI | MI | Do | Fr | Sa |
|---|---|---|---|---|---|---|
| 9 Uhr | 9 °C | 3 °C | 5 °C | 10 °C | 9 °C | 6 °C |
| 15 Uhr | 14 °C | 10 °C | 8 °C | 14 °C | 15 °C | 8 °C |

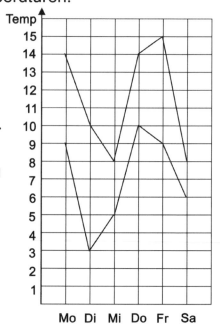

**16.** Zeichne ein geeignetes Diagramm mit den Temperaturkurven für morgens und nachmittags.

**17.** Der größte Unterschied zwischen morgens und abends ist am **Dienstag**

**18.** Der geringste Unterschied zwischen morgens und abends ist am **Samstag**

**19.** Morgens beträgt die Durchschnittstemperatur **7 °C**

**20.** Nachmittags beträgt die Durchschnittstemperatur **11,5 °C**

Christine Reinholtz: Übung macht Mathe-fit · 7. Klasse · Best.-Nr. 846

# Übung macht Mathe-fit

Name: _____    Datum: _____

Berechne. Kürze und wandle in gemischte Zahlen um, wenn möglich.

1. $\frac{1}{2} + \frac{9}{10} + \frac{3}{20} + \frac{4}{5}$ = _____

2. $\frac{2}{3} + \frac{5}{8} + \frac{7}{12} + \frac{5}{6}$ = _____

3. $\frac{7}{2} + \frac{1}{5} + \frac{8}{3} + \frac{11}{6}$ = _____

4. $\frac{7}{5} + \frac{3}{15} + \frac{3}{20} + \frac{2}{3}$ = _____

5. Dividiere schriftlich.

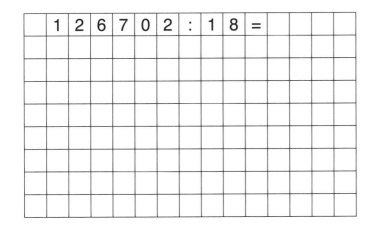

| 1 | 2 | 6 | 7 | 0 | 2 | : | 1 | 8 | = | | | | |

Schreibe als Bruch – gekürzt!

6. 0,25 = _____

7. 0,03 = _____

8. 0,125 = _____

9. 0,6 = _____

10. 0,75 = _____

11. 0,04 = _____

Welche Körper gehören zu diesen Netzen?

      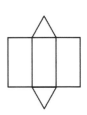

12. _____  13. _____  14. _____  15. _____

Kreuze an.

| Zahl | ... ist teilbar durch | | | | |
|---|---|---|---|---|---|
| | 3 | 6 | 9 | 4 | 8 |
| 16. 375 | | | | | |
| 17. 4 208 | | | | | |
| 18. 468 | | | | | |
| 19. 25974 | | | | | |

20. Berechne das Volumen.

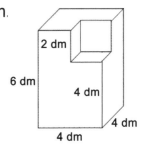

2 dm
6 dm
4 dm
4 dm
4 dm

V = _____ dm³

Name: _____  Datum: _____

Berechne. Kürze und wandle in gemischte Zahlen um, wenn möglich.

**1.** $\dfrac{1}{2} + \dfrac{9}{10} + \dfrac{3}{20} + \dfrac{4}{5} = \dfrac{10}{20} + \dfrac{18}{20} + \dfrac{3}{20} + \dfrac{16}{20} = \dfrac{47}{20} = 2\dfrac{7}{20}$

**2.** $\dfrac{2}{3} + \dfrac{5}{8} + \dfrac{7}{12} + \dfrac{5}{6} = \dfrac{16}{24} + \dfrac{15}{24} + \dfrac{14}{24} + \dfrac{20}{24} = \dfrac{65}{24} = 2\dfrac{17}{24}$

**3.** $\dfrac{7}{2} + \dfrac{1}{5} + \dfrac{8}{3} + \dfrac{11}{6} = \dfrac{105}{30} + \dfrac{6}{30} + \dfrac{80}{30} + \dfrac{55}{30} = \dfrac{246}{30} = 8\dfrac{1}{5}$

**4.** $\dfrac{7}{5} + \dfrac{3}{15} + \dfrac{3}{20} + \dfrac{2}{3} = \dfrac{84}{60} + \dfrac{12}{60} + \dfrac{9}{60} + \dfrac{40}{60} = \dfrac{145}{60} = 2\dfrac{5}{12}$

**5.** Dividiere schriftlich.

| 1 | 2 | 6 | 7 | 0 | 2 | : | 1 | 8 | = | 7 | 0 | 3 | 9 |
|---|---|---|---|---|---|---|---|---|---|---|---|---|---|
| − | 1 | 2 | 6 | | | | | | | | | | |
| | 0 | 7 | | | | | | | | | | | |
| | | − | 0 | | | | | | | | | | |
| | | 7 | 0 | | | | | | | | | | |
| | | − | 5 | 4 | | | | | | | | | |
| | | | 1 | 6 | 2 | | | | | | | | |
| | | − | 1 | 6 | 2 | | | | | | | | |
| | | | | | 0 | | | | | | | | |

Schreibe als Bruch – gekürzt!

**6.** $0{,}25 = \dfrac{1}{4}$

**7.** $0{,}03 = \dfrac{3}{100}$

**8.** $0{,}125 = \dfrac{1}{8}$

**9.** $0{,}6 = \dfrac{3}{5}$

**10.** $0{,}75 = \dfrac{3}{4}$

**11.** $0{,}04 = \dfrac{1}{25}$

Welche Körper gehören zu diesen Netzen?

         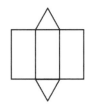

**12. Kegel**    **13. Pyramide**    **14. Zylinder**    **15. Prisma**

Kreuze an.

| Zahl | ... ist teilbar durch | | | | |
|---|---|---|---|---|---|
| | 3 | 6 | 9 | 4 | 8 |
| **16.** 375 | X | | | | |
| **17.** 4 208 | | | | X | X |
| **18.** 468 | X | X | X | X | |
| **19.** 25974 | X | X | X | | |

**20.** Berechne das Volumen.

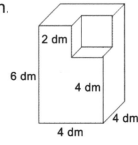

2 dm
6 dm
4 dm
4 dm
4 dm

$V = \mathbf{88} \text{ dm}^3$

Name: _____  Datum: _____

---

Berechne im Kopf.

1. $30 \cdot 0,6$ = _____

2. $50 \cdot 4,1$ = _____

3. $700 \cdot 2,9$ = _____

4. $3\,000 \cdot 0,008$ = _____

Was musst du für x einsetzen?

5. $x^2 = 144$     $x =$ _____

6. $3 \cdot x^3 = 375$     $x =$ _____

7. $x^2 - 11 = 70$     $x =$ _____

8. $x^4 + 5 = 21$     $x =$ _____

---

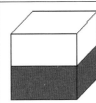

Der Würfel ist zur Hälfte in Farbe getaucht worden. Auf den Netzen ist jeweils nur die untere Fläche angemalt. Wo liegen die anderen farbigen Flächen? Male sie an.

9.

10.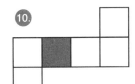

11.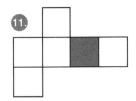

---

Schreibe die folgenden Ausdrücke als Terme.

12. Die Differenz aus den Zahlen a und b. _____

13. Der Vorgänger der natürlichen Zahl x. _____

14. Ein Fünftel der Zahl y. _____

15. Der Nachfolger der natürlichen Zahl n + 5. _____

---

16. In einer Familie sind die Großmutter, die Mutter und die Tochter zusammen 100 Jahre alt. Die Tochter ist 26 Jahre jünger als die Mutter und 50 Jahre jünger als die Großmutter.

Die Tochter ist _____ Jahre und die Mutter _____ Jahre alt.

---

Welche Zahlen sind markiert?

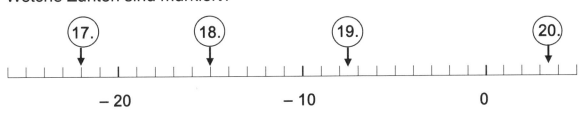

17. _____  18. _____  19. _____  20. _____

Name: _____  Datum: _____

---

**Berechne im Kopf.**

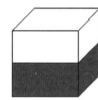

1. $30 \cdot 0,6 = $ **18**

2. $50 \cdot 4,1 = $ **205**

3. $700 \cdot 2,9 = $ **2 030**

4. $3\,000 \cdot 0,008 = $ **24**

**Was musst du für x einsetzen?**

5. $x^2 = 144 \qquad x = $ **12**

6. $3 \cdot x^3 = 375 \qquad x = $ **5**

7. $x^2 - 11 = 70 \qquad x = $ **9**

8. $x^4 + 5 = 21 \qquad x = $ **2**

---

Der Würfel ist zur Hälfte in Farbe getaucht worden. Auf den Netzen ist jeweils nur die untere Fläche angemalt. Wo liegen die anderen farbigen Flächen? Male sie an.

9.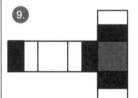

10.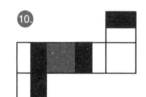

11.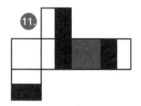

---

**Schreibe die folgenden Ausdrücke als Terme.**

12. Die Differenz aus den Zahlen a und b. **a – b**

13. Der Vorgänger der natürlichen Zahl x. **x – 1**

14. Ein Fünftel der Zahl y. $\dfrac{\mathbf{y}}{\mathbf{5}}$

15. Der Nachfolger der natürlichen Zahl n + 5. **n + 6**

---

16. In einer Familie sind die Großmutter, die Mutter und die Tochter zusammen 100 Jahre alt. Die Tochter ist 26 Jahre jünger als die Mutter und 50 Jahre jünger als die Großmutter.

   Die Tochter ist **8** Jahre und die Mutter **34** Jahre alt.

---

**Welche Zahlen sind markiert?**

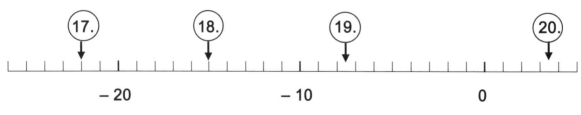

17. **–22**

18. **–15**

19. **–7,5**

20. **3,5**

Christine Reinholtz: Übung macht Mathe-fit · 7. Klasse · Best.-Nr. 846

# Übung macht Mathe-fit

Name: _____     Datum: _____

---

Berechne im Kopf.

| + | 8 | 4,6 | 0,75 | 17,3 |
|---|---|-----|------|------|
| **1.** 3,2 | | | | |
| **2.** 7,8 | | | | |
| **3.** 13,5 | | | | |
| **4.** 0,89 | | | | |

**5.** Multipliziere schriftlich.

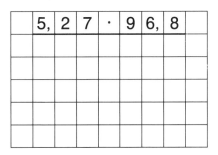

| 5, | 2 | 7 | · | 9 | 6, | 8 |
|----|---|---|---|---|----|---|
| | | | | | | |
| | | | | | | |
| | | | | | | |
| | | | | | | |
| | | | | | | |

---

Frau Fischer fährt mit ihrem Auto durchschnittlich 800 km pro Woche. Ihr Auto braucht 7 Liter Benzin auf 100 km. Wie viele Liter Benzin braucht das Auto durchschnittlich

**6.**    in einer Woche?    _____

**7.**    in einem Monat?    _____

**8.**    pro Tag?    _____

---

Messing besteht zu etwa 2 Dritteln aus Kupfer und 1 Drittel aus Zink.

**9.**    Wie viele Kilogramm Messing kann man aus 6 kg Kupfer herstellen?    _____

**10.**    Wie viele Kilogramm Zink braucht man für diese Menge?    _____

**11.**    Wie viele Kilogramm Messing kann man aus 5 kg Zink herstellen?    _____

---

**12.**    Die ersten 10 Primzahlen sind:

_____

_____

_____

**13.**    Die ersten 10 Quadratzahlen sind:

_____

_____

Rechne in die nächstgrößere Einheit um.

**14.**    45 m    =    _____

**15.**    238 mm    =    _____

**16.**    30 cm$^2$    =    _____

**17.**    4 500 m$^2$    =    _____

**18.**    90 mm$^2$    =    _____

**19.**    2 000 dm$^3$    =    _____

**20.**    900 mm$^3$    =    _____

Name: _____    Datum: _____

---

## Berechne im Kopf.

| + | 8 | 4,6 | 0,75 | 17,3 |
|---|---|---|---|---|
| **1.** 3,2 | **11,2** | **7,8** | **3,95** | **20,5** |
| **2.** 7,8 | **15,8** | **12,4** | **8,55** | **25,1** |
| **3.** 13,5 | **21,5** | **18,1** | **14,25** | **30,8** |
| **4.** 0,89 | **8,89** | **5,49** | **1,64** | **18,19** |

## 5. Multipliziere schriftlich.

| | 5, | 2 | 7 | · | 9 | 6, | 8 |
|---|---|---|---|---|---|---|---|
| | | | | | 4 | 2 | 1 | 6 |
| | | | 3 | 1 | 6 | 2 | |
| | | 4 | 7 | 4 | 3 | | |
| | | 1 | 1 | 1 | | | |
| | 5 | 1 | 0, | 1 | 3 | 6 | |

---

Frau Fischer fährt mit ihrem Auto durchschnittlich 800 km pro Woche. Ihr Auto braucht 7 Liter Benzin auf 100 km. Wie viele Liter Benzin braucht das Auto durchschnittlich

**6.**   in einer Woche?   **56 Liter**

**7.**   in einem Monat?   **224 Liter**

**8.**   pro Tag?   **8 Liter**

---

Messing besteht zu etwa 2 Dritteln aus Kupfer und 1 Drittel aus Zink.

**9.**   Wie viele Kilogramm Messing kann man aus 6 kg Kupfer herstellen?   **9 kg**

**10.**   Wie viele Kilogramm Zink braucht man für diese Menge?   **3 kg**

**11.**   Wie viele Kilogramm Messing kann man aus 5 kg Zink herstellen?   **15 kg**

---

**12.**   Die ersten 10 Primzahlen sind:

**2, 3, 5, 7, 11, 13, 17, 19, 23, 29**

**13.**   Die ersten 10 Quadratzahlen sind:

**1, 4, 9, 16, 25, 36, 49, 64, 81, 100**

Rechne in die nächstgrößere Einheit um.

**14.**   45 m   =   **0,045 km**

**15.**   238 mm   =   **23,8 cm**

**16.**   30 cm²   =   **0,3 dm²**

**17.**   4 500 m²   =   **45 a**

**18.**   90 mm²   =   **0,9 cm²**

**19.**   2 000 dm³   =   **2 m³**

**20.**   900 mm³   =   **0,9 cm³**

Christine Reinholtz: Übung macht Mathe-fit · 7. Klasse · Best.-Nr. 846

# Übung macht Mathe-fit

Name: _____    Datum: _____

---

Berechne.

 7³ = _____

2. 5⁴ = _____

3. 8² · 2 = _____

4. 6 · 6³ = _____

5. 3⁴ + 3³ = _____

---

Wie viele Kilometer sind 1 cm auf der Landkarte in Wirklichkeit?

| Maßstab | Entfernung in Wirklichkeit |
|---|---|
| 6. 1 : 50 000 | km |
| 7. 1 : 300 000 | km |
| 8. 1 : 5 000 000 | km |

---

9. Konstruiere ein Dreieck aus
b = 7,8 cm,
c = 7 cm,
$\alpha = 39°$.

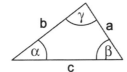

Miss die Winkel.

10. $\beta$ = _____

11. $\gamma$ = _____

---

In einer Lostrommel befinden sich 20 Kugeln.

Sie sind von 1 bis 20 durchnummeriert. Es wird eine Kugel aus der Trommel genommen.

Wie groß ist die Wahrscheinlichkeit, dass die Zahl auf der gezogenen Kugel

12. größer als 12 ist: _____

13. kleiner als 6 ist: _____

14. eine Quadratzahl ist: _____

15. eine Primzahl ist: _____

16. durch 5 teilbar ist: _____

17. Zeichne ein Rechteck mit einem Flächeninhalt von 13,5 cm².

---

Zwei Brüche werden multipliziert. Wie ändert sich das Produkt?

18. Ein Zähler wird halbiert. _____

19. Ein Nenner wird halbiert. _____

20. Beide Nenner werden verdoppelt. _____

# Übung macht Mathe-fit *(Lösungsbogen)*

Name: _____  Datum: _____

---

**Berechne.**

1.  $7^3 = $ **343**

2.  $5^4 = $ **625**

3.  $8^2 \cdot 2 = $ **128**

4.  $6 \cdot 6^3 = $ **1 296**

5.  $3^4 + 3^3 = $ **108**

**Wie viele Kilometer sind 1 cm auf der Landkarte in Wirklichkeit?**

| Maßstab | Entfernung in Wirklichkeit |
|---|---|
| 6. 1 : 50 000 | **0,5** km |
| 7. 1 : 300 000 | **3** km |
| 8. 1 : 5 000 000 | **50** km |

---

9.  Konstruiere ein Dreieck aus
b = 7,8 cm,
c = 7 cm,
α = 39°.

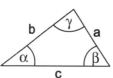

**Miss die Winkel**

10. β = **79°**

11. γ = **62°**

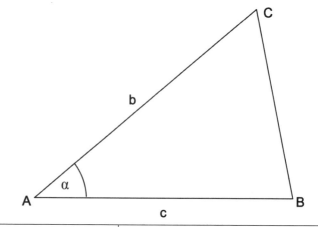

---

In einer Lostrommel befinden sich 20 Kugeln.

Sie sind von 1 bis 20 durchnummeriert. Es wird eine Kugel aus der Trommel genommen.

Wie groß ist die Wahrscheinlichkeit, dass die Zahl auf der gezogenen Kugel

12. größer als 12 ist:  $\dfrac{8}{20} = \dfrac{2}{5}$

13. kleiner als 6 ist:  $\dfrac{5}{20} = \dfrac{1}{4}$

14. eine Quadratzahl ist:  $\dfrac{4}{20} = \dfrac{1}{5}$

15. eine Primzahl ist:  $\dfrac{8}{20} = \dfrac{2}{5}$

16. durch 5 teilbar ist:  $\dfrac{4}{20} = \dfrac{1}{5}$

17. Zeichne ein Rechteck mit einem Flächeninhalt von 13,5 cm².

**z. B. a = 3 cm
b = 4,5 cm**

---

Zwei Brüche werden multipliziert. Wie ändert sich das Produkt?

18. Ein Zähler wird halbiert.  **Das Produkt wird halbiert.**

19. Ein Nenner wird halbiert.  **Das Produkt wird verdoppelt.**

20. Beide Nenner werden verdoppelt.  **Das Produkt beträgt $\frac{1}{4}$ des ursprünglichen.**

Christine Reinholtz: Übung macht Mathe-fit · 7. Klasse · Best.-Nr. 846

# Übung macht Mathe-fit

Name: _____    Datum: _____

**1.** 135 : 3 = _____

**2.** 504 : 8 = _____

**3.** 130 : 5 = _____

**4.** 378 : 9 = _____

**5.** 276 : 6 = _____

**6.** 248 min = _____ h _____ min

**7.** 4 Tage = _____ h

**8.** 198 h = _____ Tage _____ h

**9.** 9 Wochen = _____ Tage

**10.** 456 s = _____ min _____ s

---

Sina und Lea planen eine Wanderung. Ihre Wanderkarte hat den Maßstab 1 : 50 000.

**11.** Bis zum Ziel sind es auf der Karte 24 cm. In Wirklichkeit sind Hin- und

Rückweg _____ km lang.

**12.** Sie gehen 5 km in der Stunde und machen eine halbe Stunde Pause. Die ganze

Wanderung dauert ungefähr _____ Stunden.

---

Überschlage und kreuze das richtige Ergebnis an.

**13.** **97 · 51**

5 773

4 947

4 057

**14.** **255 · 41**

10 407

28 355

10 455

**15.** **87 · 82**

7 134

10 134

16 134

**16.** **899 · 192**

62 088

172 608

143 715

---

**17.** Wie viele Sterne musst du auf die rechte Seite der Waage legen, damit die Waage im Gleichgewicht ist?

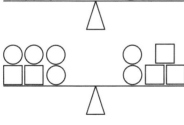

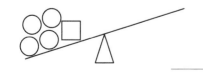

_____

Berechne.

**18.** [(24 + 5) · 3 – 20 : 5] – 13 =

_____

_____

**19.** 68 – 4 · 5 + 3 (44 – 25) – 7 =

_____

_____

**20.** (27 – 48 : 8) + 6 (36 – 12) : 4 =

_____

_____

Name: _____     Datum: _____

| | | |
|---|---|---|
| **1.** | 135 : 3 = **45** | |
| **2.** | 504 : 8 = **63** | |
| **3.** | 130 : 5 = **26** | |
| **4.** | 378 : 9 = **42** | |
| **5.** | 276 : 6 = **46** | |
| **6.** | 248 min = **4** h **8** min | |
| **7.** | 4 Tage = **96** h | |
| **8** | 198 h = **8** Tage **6** h | |
| **9.** | 9 Wochen = **63** Tage | |
| **10.** | 456 s = **7** min **36** s | |

Sina und Lea planen eine Wanderung. Ihre Wanderkarte hat den Maßstab 1 : 50 000.

**11.** Bis zum Ziel sind es auf der Karte 24 cm. In Wirklichkeit sind Hin- und Rückweg **24** km lang.

**12.** Sie gehen 5 km in der Stunde und machen eine halbe Stunde Pause. Die ganze Wanderung dauert ungefähr **$5\frac{1}{2}$** Stunden.

Überschlage und kreuze das richtige Ergebnis an.

| **13.** 97 · 51 | **14.** 255 · 41 | **15.** 87 · 82 | **16.** 899 · 192 |
|---|---|---|---|
| 5 773 | 10 407 | **X** 7 134 | 62 088 |
| **X** 4 947 | 28 355 | 10 134 | **X** 172 608 |
| 4 057 | **X** 10 455 | 16 134 | 143 715 |

**17.** Wie viele Sterne musst du auf die rechte Seite der Waage legen, damit die Waage im Gleichgewicht ist?

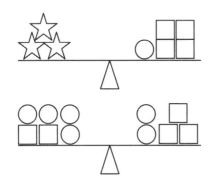

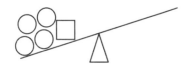

2

Berechne.

**18.** [(24 + 5) · 3 − 20 : 5] − 13 =

**29 · 3 − 4 − 13 = $\underline{70}$**

**19.** 68 − 4 · 5 + 3 (44 − 25) − 7 =

**68 − 20 + 3 · 19 − 7 = $\underline{98}$**

**20.** (27 − 48 : 8) + 6 (36 − 12) : 4 =

**(27 − 6) + 6 · 24 : 4 = $\underline{57}$**

Christine Reinholtz: Übung macht Mathe-fit · 7. Klasse · Best.-Nr. 846

# Übung macht Mathe-fit

Name: _____  Datum: _____

---

**Berechne. Kürze und/oder wandle um.**

1. $\dfrac{5}{12} + \dfrac{1}{3}$ = _____

2. $\dfrac{8}{15} + \dfrac{2}{5}$ = _____

3. $\dfrac{3}{4} + \dfrac{5}{7}$ = _____

4. $\dfrac{11}{13} + \dfrac{4}{5}$ = _____

**Rechne um in Liter.**

## $1 \ dm^3 = 1 \ l$

5. $8{,}1 \ dm^3$ = _____ l

6. $0{,}7 \ m^3$ = _____ l

7. $1\ 600 \ cm^3$ = _____ l

8. $25 \ m^3$ = _____ l

---

**Berechne die Winkel. (Die Zeichnung ist nicht maßstabsgerecht. Du kannst nicht nachmessen!)**

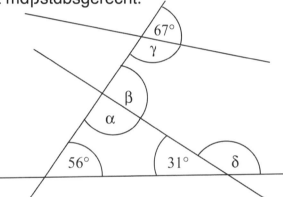

9. α = _____

10. β = _____

11. γ = _____

12. δ = _____

---

Sebastian möchte aus einem Blatt Papier einen Würfel basteln. Das Blatt Papier hat die Maße 21 cm x 29 cm. Der Würfel soll möglichst groß werden und Sebastian möchte wenig Verschnitt haben.

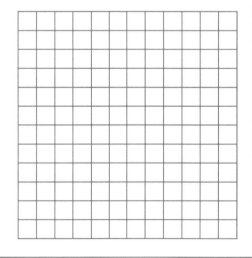

13. Der Würfel kann höchstens eine Kantenlänge von _____ cm haben.

14. Die Oberfläche des Würfels beträgt _____ cm².

15. Der Verschnitt (Rest) beträgt _____ cm².

---

16.

1 Flasche Saft
1 Liter

1 Glas
150 ml

Der Saft reicht für _____ Gläser.

**Welche Zahlen sind markiert?**

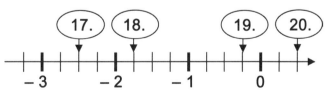

17. _____  18. _____  19. _____  20. _____

14

Name: _____    Datum: _____

---

Berechne. Kürze und/oder wandle um.

1.  $\dfrac{5}{12} + \dfrac{1}{3} = \dfrac{5}{12} + \dfrac{4}{12} = \dfrac{9}{12} = \dfrac{3}{4}$

2.  $\dfrac{8}{15} + \dfrac{2}{5} = \dfrac{8}{15} + \dfrac{6}{15} = \dfrac{14}{15}$

3.  $\dfrac{3}{4} + \dfrac{5}{7} = \dfrac{21}{28} + \dfrac{20}{28} = \dfrac{41}{28} = 1\dfrac{13}{28}$

4.  $\dfrac{11}{13} + \dfrac{4}{5} = \dfrac{55}{65} + \dfrac{52}{65} = \dfrac{107}{65} = 1\dfrac{42}{65}$

---

Rechne um in Liter.

**1 dm³ = 1 l**

5.  $8{,}1 \text{ dm}^3 = \textbf{8,1 l}$

6.  $0{,}7 \text{ m}^3 = \textbf{700 l}$

7.  $1\,600 \text{ cm}^3 = \textbf{1,6 l}$

8.  $25 \text{ m}^3 = \textbf{25\,000 l}$

---

Berechne die Winkel. (Die Zeichnung ist nicht maßstabsgerecht. Du kannst nicht nachmessen!)

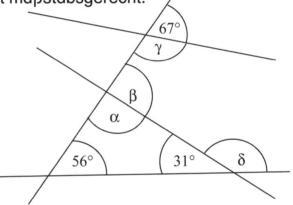

9.  $\alpha = \textbf{93°}$

10. $\beta = \textbf{87°}$

11. $\gamma = \textbf{113°}$

12. $\delta = \textbf{149°}$

---

Sebastian möchte aus einem Blatt Papier einen Würfel basteln. Das Blatt Papier hat die Maße 21 cm x 29 cm. Der Würfel soll möglichst groß werden und Sebastian möchte wenig Verschnitt haben.

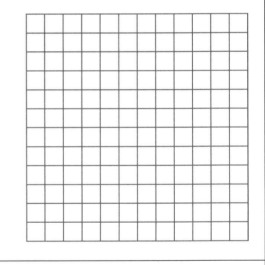

13. Der Würfel kann höchstens eine Kantenlänge von **7** cm haben.

14. Die Oberfläche des Würfels beträgt **294** cm².

15. Der Verschnitt (Rest) beträgt **315** cm².

---

16.

1 Flasche Saft
1 Liter

1 Glas
150 ml

Der Saft reicht für **20** Gläser.

---

Welche Zahlen sind markiert?

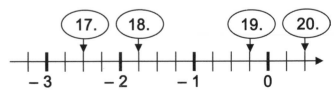

17. **–2,5**    18. **–1,75**    19. **–0,25**    20. **0,5**

Christine Reinhold: Übung macht Mathe-fit • 7. Klasse • Best.-Nr. 846

Name: _____  Datum: _____

**1.** Addiere alle Zahlen.

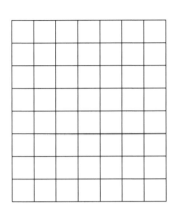

**2.** Subtrahiere alle Zahlen von der größten Zahl.

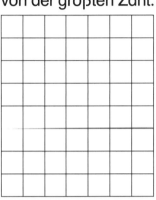

67,62    21,456

418,3

15,328

737,29    98,9

Kreuze an.

|  |  | Richtig | Falsch |
|---|---|---|---|
| **3.** | Jedes gleichschenklige Dreieck hat drei gleich lange Seiten. |  |  |
| **4.** | Ein gleichschenkliges Dreieck kann einen rechten Winkel haben. |  |  |
| **5.** | Ein gleichschenkliges Dreieck kann genau zwei Symmetrieachsen haben. |  |  |
| **6.** | Ein gleichseitiges Dreieck kann einen rechten Winkel haben. |  |  |

**7.** $7 \cdot 0,3 = $ _____

**8.** $8 \cdot 0,05 = $ _____

**9.** $0,2 \cdot 0,2 = $ _____

**10.** $0,15 \cdot 9 = $ _____

**11.** $0,01 \cdot 0,01 = $ _____

Jan fährt mit seinem Fahrrad 4 km in 10 min.

**12.** In 35 min fährt er _____ km.

**13.** Für 20 km braucht er _____ min.

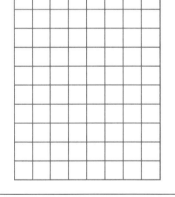

Setze <, = oder > ein.

**14.** $\frac{5}{6}$ ☐ 0,85

**15.** $\frac{3}{8}$ ☐ 0,37

**16.** $\frac{4}{5}$ ☐ 0,8

Zeichne alle Symmetrieachsen ein.

**17.**

**18.**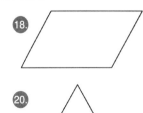

**19.**

**20.**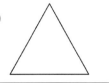

Name: _____  Datum: _____

---

**1.** Addiere alle Zahlen.

| | | 7 | 3 | 7, | 2 | 9 | 0 |
|---|---|---|---|---|---|---|---|
| + | | | 9 | 8, | 9 | 0 | 0 |
| + | 4 | 1 | 8, | 3 | 0 | 0 | |
| + | | 1 | 5, | 3 | 2 | 8 | |
| + | | 2 | 1, | 4 | 5 | 6 | |
| + | | 6 | 7, | 6 | 2 | 0 | |
| | | 2 | 3 | 2 | 1 | 1 | |
| 1 | 3 | 5 | 8, | 8 | 9 | 4 | |

67,62   21,456   418,3   15,328   737,29   98,9

**2.** Subtrahiere alle Zahlen von der größten Zahl.

| | 7 | 3 | 7, | 2 | 9 | 0 |
|---|---|---|---|---|---|---|
| − | | 9 | 8, | 9 | 0 | 0 |
| − | 4 | 1 | 8, | 3 | 0 | 0 |
| − | | 1 | 5, | 3 | 2 | 8 |
| − | | 2 | 1, | 4 | 5 | 6 |
| − | | 6 | 7, | 6 | 2 | 0 |
| | 2 | 3 | 3 | 1 | 2 | |
| 1 | 1 | 5, | 6 | 8 | 6 | |

---

Kreuze an.

| | | Richtig | Falsch |
|---|---|---|---|
| **3.** | Jedes gleichschenklige Dreieck hat drei gleich lange Seiten. | | X |
| **4.** | Ein gleichschenkliges Dreieck kann einen rechten Winkel haben. | X | |
| **5.** | Ein gleichschenkliges Dreieck kann genau zwei Symmetrieachsen haben. | | X |
| **6.** | Ein gleichseitiges Dreieck kann einen rechten Winkel haben. | | X |

---

**7.** $7 \cdot 0,3 = $ **2,1**

**8.** $8 \cdot 0,05 = $ **0,4**

**9.** $0,2 \cdot 0,2 = $ **0,04**

**10.** $0,15 \cdot 9 = $ **1,35**

**11.** $0,01 \cdot 0,01 = $ **0,0001**

Jan fährt mit seinem Fahrrad 4 km in 10 min.

**12.** In 35 min fährt er **14** km.

**13.** Für 20 km braucht er **50** min.

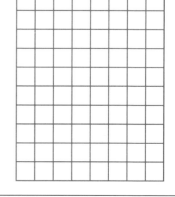

---

Setze <, = oder > ein.

**14.** $\dfrac{5}{6}$ **<** 0,85

**15.** $\dfrac{3}{8}$ **>** 0,37

**16.** $\dfrac{4}{5}$ **=** 0,8

Zeichne alle Symmetrieachsen ein.

**17.**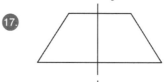

**18.**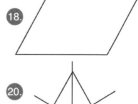

**19.**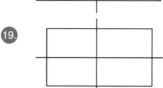

**20.**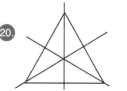

Christine Reinholtz: Übung macht Mathe-fit · 7. Klasse · Best.-Nr. 846

# Übung macht Mathe-fit

Name: _____     Datum: _____

**Berechne im Kopf.**

**1.**   $3,4 + 8,9 =$ _____

**2.**   $12,7 + 33,9 =$ _____

**3.**   $0,6 + 3,42 =$ _____

**4.**   $38,55 - 7,29 =$ _____

**5.**   $16,76 - 9,45 =$ _____

**6.** Auf einer Sirupflasche wird das Verhältnis von Sirup zu Wasser mit 1 : 4 angegeben.
Mike möchte 2 Liter Saft herstellen.

Er nimmt _____ ml Sirup

und _____ ml Wasser.

**Berechne Umfang und Flächeninhalt der Quadrate.**

| | Seitenlänge a | Umfang u | Flächenin-halt A |
|---|---|---|---|
| **7.** | $\frac{1}{2}$ m | | |
| **8.** | $1\frac{2}{5}$ m | | |
| **9.** | $\frac{3}{8}$ m | | |
| **10.** | $2\frac{1}{10}$ m | | |

**Rechne die Volumeneinheiten um.**

**11.**   $3 \text{ m}^3 =$ _____ $\text{dm}^3$

**12.**   $0,2 \text{ m}^3 =$ _____ $\text{cm}^3$

**13.**   $700 \text{ cm}^3 =$ _____ $\text{dm}^3$

**14.**   $4\,500 \text{ mm}^3 =$ _____ $\text{cm}^3$

**15.**   $80,6 \text{ dm}^3 =$ _____ $\text{cm}^3$

**16.**   $0,06 \text{ m}^3 =$ _____ $\text{cm}^3$

**Du würfelst mit 2 Würfeln gleichzeitig.**

**17.** Schreibe alle Möglichkeiten auf, die du dabei erhalten kannst.

_____

_____

_____

**18.** Welche Augensummen treten am seltensten auf?

_____

**19.** Welche Augensummen treten am häufigsten auf?

_____

**20.** Berechne den Flächeninhalt der gefärbten Fläche.

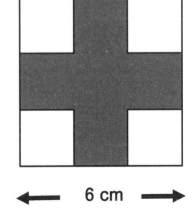

$\longleftarrow$ 6 cm $\longrightarrow$

A = _____

Name: _____  Datum: _____

**Berechne im Kopf.**

1. $3{,}4 + 8{,}9 = $ **12,3**

2. $12{,}7 + 33{,}9 = $ **46,6**

3. $0{,}6 + 3{,}42 = $ **4,02**

4. $38{,}55 - 7{,}29 = $ **31,26**

5. $16{,}76 - 9{,}45 = $ **7,31**

---

6. Auf einer Sirupflasche wird das Verhältnis von Sirup zu Wasser mit 1 : 4 angegeben.
Mike möchte 2 Liter Saft herstellen.

Er nimmt **400** ml Sirup

und **1 600** ml Wasser.

Sirup
1:4

---

**Berechne Umfang und Flächeninhalt der Quadrate.**

| | Seitenlänge a | Umfang u | Flächeninhalt A |
|---|---|---|---|
| 7. | $\frac{1}{2}$ m | 2 m | $\frac{1}{4}$ m² |
| 8. | $1\frac{2}{5}$ m | $5\frac{3}{5}$ m | $1\frac{24}{25}$ m² |
| 9. | $\frac{3}{8}$ m | $1\frac{1}{2}$ m | $\frac{9}{64}$ m² |
| 10. | $2\frac{1}{10}$ m | $8\frac{2}{5}$ m | $4\frac{41}{100}$ m² |

---

**Rechne die Volumeneinheiten um.**

11. $3 \text{ m}^3 = $ **3 000** dm³

12. $0{,}2 \text{ m}^3 = $ **200 000** cm³

13. $700 \text{ cm}^3 = $ **0,7** dm³

14. $4\,500 \text{ mm}^3 = $ **4,5** cm³

15. $80{,}6 \text{ dm}^3 = $ **80 600** cm³

16. $0{,}06 \text{ m}^3 = $ **60 000** cm³

---

**Du würfelst mit 2 Würfeln gleichzeitig.**

17. Schreibe alle Möglichkeiten auf, die du dabei erhalten kannst.

**1-1, 1-2, 1-3, 1-4, 1-5, 1-6, 2-2, 2-3, 2-4, 2-5, 2-6, 3-3, 3-4, 3-5, 3-6, 4-4, 4-5, 4-6, 5-5, 5-6, 6-6**

18. Welche Augensummen treten am seltensten auf?

**2, 3, 11, 12**

19. Welche Augensummen treten am häufigsten auf?

**6, 7, 8**

---

20. Berechne den Flächeninhalt der gefärbten Fläche.

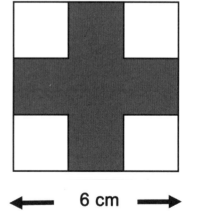

6 cm

$A = $ **20 cm²**

Christine Reinholtz: Übung macht Mathe-fit · 7. Klasse · Best.-Nr. 846

# Übung macht Mathe-fit

Name: _____     Datum: _____

| | |
|---|---|
| **1.** $4^2 + 5^2$ = _____ | **6.** 340 g = _____ kg |
| **2.** $10^4 + 7^3$ = _____ | **7.** 25 mg = _____ g |
| **3.** $2^5 + 3^3$ = _____ | **8.** 0,05 kg = _____ g |
| **4.** $5^3 + 3^4$ = _____ | **9.** 23 t = _____ kg |
| **5.** $10^5 + 10^3$ = _____ | **10.** 38 000 g = _____ t |

**11.** Die 24 Schüler der 7a kommen aus fünf verschiedenen Orten (siehe Tabelle). Zeichne ein Kreisdiagramm.

| Ort | Anzahl |
|---|---|
| Adorf | 6 |
| Eberg | 3 |
| Iburg | 9 |
| Okirchen | 4 |
| Ustadt | 2 |

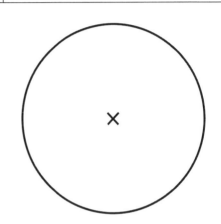

Berechne. Kürze und/oder wandle um.

**12.** $\dfrac{3}{10} \cdot \dfrac{5}{18}$ = _____

**13.** $\dfrac{3}{4} \cdot \dfrac{7}{8}$ = _____

**14.** $\dfrac{2}{5} \cdot \dfrac{11}{12}$ = _____

**15.** $\dfrac{7}{9} \cdot \dfrac{9}{35}$ = _____

**16.** Spiegele die Figur an der Symmetrieachse s.

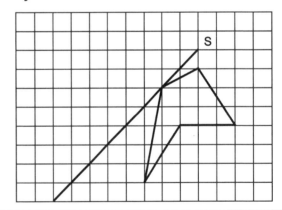

Gib den gefärbten Anteil als Bruch und in Prozent an.

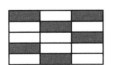         

**17.** _____   **18.** _____   **19.** _____   **20.** _____

Name: _____    Datum: _____

| | | |
|---|---|---|
| **1.** | $4^2 + 5^2 =$ | **16 + 25 = 41** |
| **2.** | $10^4 + 7^3 =$ | **10 000 + 343 + = 10 343** |
| **3.** | $2^5 + 3^3 =$ | **32 + 27 = 59** |
| **4.** | $5^3 + 3^4 =$ | **125 + 81 = 206** |
| **5.** | $10^5 + 10^3 =$ | **101 000** |

| | | |
|---|---|---|
| **6.** | 340 g = | **0,34** kg |
| **7.** | 25 mg = | **0,025** g |
| **8.** | 0,05 kg = | **50** g |
| **9.** | 23 t = | **23 000** kg |
| **10.** | 38 000 g = | **0,038** t |

**11.** Die 24 Schüler der 7a kommen aus fünf verschiedenen Orten (siehe Tabelle). Zeichne ein Kreisdiagramm.

| Ort | Anzahl |
|---|---|
| Adorf | 6 |
| Eberg | 3 |
| Iburg | 9 |
| Okirchen | 4 |
| Ustadt | 2 |

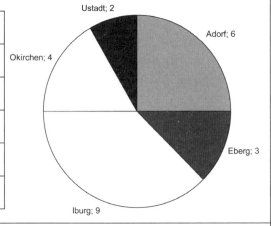

Berechne. Kürze und/oder wandle um.

**12.** $\dfrac{3}{10} \cdot \dfrac{5}{18} = \dfrac{1}{12}$

**13.** $\dfrac{3}{4} \cdot \dfrac{7}{8} = \dfrac{21}{32}$

**14.** $\dfrac{2}{5} \cdot \dfrac{11}{12} = \dfrac{11}{30}$

**15.** $\dfrac{7}{9} \cdot \dfrac{9}{35} = \dfrac{1}{5}$

**16.** Spiegele die Figur an der Symmetrieachse s.

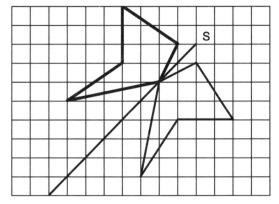

Gib den gefärbten Anteil als Bruch und in Prozent an.

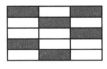         

**17.** $\dfrac{6}{15} = \dfrac{2}{5} = 40\ \%$    **18.** $\dfrac{2}{6} = \dfrac{1}{3} = 33,\overline{3}\ \%$    **19.** $\dfrac{3}{5} = 60\ \%$    **20.** $\dfrac{6}{9} = \dfrac{2}{3} = 66,\overline{6}\ \%$

# Übung macht Mathe-fit

Name: _____  Datum: _____

**Berechne das Ganze.**

1. $\frac{1}{6}$ eines Betrages sind 12 €. _____

2. $\frac{2}{3}$ einer Zeit sind 20 min. _____

3. $\frac{3}{8}$ einer Länge sind 18 km. _____

4. $\frac{5}{9}$ einer Masse sind 80 g. _____

**Rechne um.**

5. 45 m² = _____ cm²

6. 630 dm² = _____ m²

7. 230 ha = _____ km²

8. 0,4 m² = _____ cm²

9. 870 mm² = _____ cm²

10. **Dividiere schriftlich.**

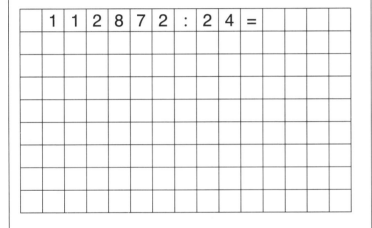

| 1 | 1 | 2 | 8 | 7 | 2 | : | 2 | 4 | = | | | |

11. Aus einem Wasserhahn laufen 12 l Wasser in 36 s.
Wie lange dauert es, bis ein 20-l-Eimer gefüllt ist?

Es dauert _____

**Welche Zahl musst du für x einsetzen?**

12. $x + 0,25 = 2,85$   x = _____

13. $2,4 : 8 = x$   x = _____

14. $x - 0,8 = 4,5$   x = _____

15. $12 \cdot x = 1,2$   x = _____

Es ist 17.35 Uhr. Wie spät ist es nach

16. $3\frac{1}{4}$ Stunden? _____

17. 4 h 25 min? _____

18. 9,5 h? _____

Der Würfel ist in der grauen Ebene durchgeschnitten worden.
Zeichne die Schnittlinien im Schrägbild und im Netz des Würfels ein. (u: unten)

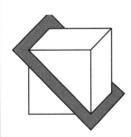

19.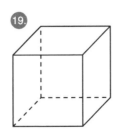

20.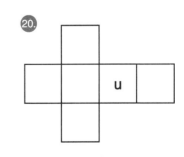

**18**

Name: _____  Datum: _____

---

Berechne das Ganze.

1. $\frac{1}{6}$ eines Betrages sind 12 €.  **72 €**

2. $\frac{2}{3}$ einer Zeit sind 20 min.  **30 min**

3. $\frac{3}{8}$ einer Länge sind 18 km.  **48 km**

4. $\frac{5}{9}$ einer Masse sind 80 g.  **144 g**

Rechne um.

5. 45 m² = **450 000** cm²

6. 630 dm² = **6,3** m²

7. 230 ha = **2,3** km²

8. 0,4 m² = **4 000** cm²

9. 870 mm² = **8,7** cm²

---

10. Dividiere schriftlich.

| 1 | 1 | 2 | 8 | 7 | 2 | : | 2 | 4 | = | **4** | **7** | **0** | **3** |
|---|---|---|---|---|---|---|---|---|---|---|---|---|---|
| − | 9 | 6 |   |   |   |   |   |   |   |   |   |   |   |
|   | 1 | 6 | 8 |   |   |   |   |   |   |   |   |   |   |
| − | 1 | 6 | 8 |   |   |   |   |   |   |   |   |   |   |
|   |   | 0 | 7 |   |   |   |   |   |   |   |   |   |   |
|   |   | − | 0 |   |   |   |   |   |   |   |   |   |   |
|   |   |   | 7 | 2 |   |   |   |   |   |   |   |   |   |
|   |   | − | 7 | 2 |   |   |   |   |   |   |   |   |   |
|   |   |   |   | 0 |   |   |   |   |   |   |   |   |   |

11. Aus einem Wasserhahn laufen 12 l Wasser in 36 s.
Wie lange dauert es, bis ein 20-l-Eimer gefüllt ist?

| Liter | Zeit |
|---|---|
| 12 | 36 |
| 1 | 3 |
| 20 | 60 |

Es dauert **60 s (1 min)**.

---

Welche Zahl musst du für x einsetzen?

12. $x + 0,25 = 2,85$  x = **2,6**

13. $2,4 : 8 = x$  x = **0,3**

14. $x - 0,8 = 4,5$  x = **5,3**

15. $12 \cdot x = 1,2$  x = **0,1**

Es ist 17.35 Uhr. Wie spät ist es nach

16. $3\frac{1}{4}$ Stunden?  **20.50 Uhr**

17. 4 h 25 min?  **22.00 Uhr**

18. 9,5 h?  **3.05 Uhr**

---

Der Würfel ist in der grauen Ebene durchgeschnitten worden.
Zeichne die Schnittlinien im Schrägbild und im Netz des Würfels ein. (u: unten)

19.
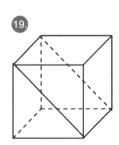

20.
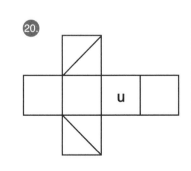

Christine Reinholtz: Übung macht Mathe-fit · 7. Klasse · Best.-Nr. 846

# Übung macht Mathe-fit

Name: _____     Datum: _____

---

Berechne. Kürze und/oder wandle um.

**1.** $\dfrac{2}{3} : \dfrac{4}{9} =$ _____

**2.** $\dfrac{7}{10} : \dfrac{21}{40} =$ _____

**3.** $\dfrac{3}{10} : \dfrac{1}{4} =$ _____

**4.** $\dfrac{8}{15} : \dfrac{12}{65} =$ _____

**5.** Multipliziere schriftlich.

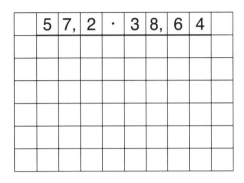

| 5 | 7, | 2 | · | 3 | 8, | 6 | 4 |
|---|---|---|---|---|---|---|---|
|   |   |   |   |   |   |   |   |
|   |   |   |   |   |   |   |   |
|   |   |   |   |   |   |   |   |
|   |   |   |   |   |   |   |   |
|   |   |   |   |   |   |   |   |
|   |   |   |   |   |   |   |   |

---

Franzi beschreibt ihren Schulweg am Donnerstag so:
Ich fahre mit dem Fahrrad zu meiner Freundin Sarah und hole sie ab. Dann gehen wir zur Bushaltestelle und fahren mit dem Bus. Zuletzt gehen wir noch ein Stück zu Fuß.

**6.** Wann fährt Franzi von zu Hause los? _____

**7.** An der wievielten Haltestelle steigt sie aus? _____

**8.** Was macht sie um 7.25 Uhr?

_____

**9.** Was macht sie um 7.50 Uhr?

_____

**10.** Wann kommt sie in der Schule an? _____

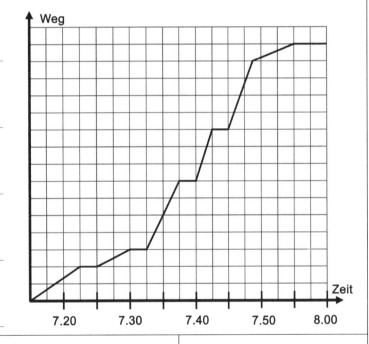

---

**11.** 450 kg = _____ t

**12.** 82,5 g = _____ kg

**13.** 67 mg = _____ g

**14.** 0,05 t = _____ kg

**15.** $1\dfrac{1}{4}$ m = _____ cm

**16.** $3\dfrac{2}{5}$ km = _____ m

**17.** $2\dfrac{3}{4}$ cm = _____ mm

Setze +, −, · oder : ein.

**18.** 3  7  6  8 = 19

**19.** 4  8  2  6 = 2

**20.** 6  4  4  5 = 4

# Übung macht Mathe-fit *(Lösungsbogen)*

Name: _____     Datum: _____

---

Berechne. Kürze und/oder wandle um.

**1.** $\dfrac{2}{3} : \dfrac{4}{9} = \dfrac{2}{3} \cdot \dfrac{9}{4} = \dfrac{3}{2} = 1\dfrac{1}{2}$

**2.** $\dfrac{7}{10} : \dfrac{21}{40} = \dfrac{7}{10} \cdot \dfrac{40}{21} = \dfrac{4}{3} = 1\dfrac{1}{3}$

**3.** $\dfrac{3}{10} : \dfrac{1}{4} = \dfrac{3}{10} \cdot \dfrac{4}{1} = \dfrac{6}{5} = 1\dfrac{1}{5}$

**4.** $\dfrac{8}{15} : \dfrac{12}{65} = \dfrac{8}{15} \cdot \dfrac{65}{12} = \dfrac{26}{9} = 2\dfrac{8}{9}$

**5.** Multipliziere schriftlich.

| | | 5 | 7, | 2 | · | 3 | 8, | 6 | 4 |
|---|---|---|---|---|---|---|---|---|---|
| | | | 1 | 7 | 1 | 6 | | | |
| | | | 4 | 5 | 7 | 6 | | | |
| | | | 3 | 4 | 3 | 2 | | | |
| | | | | 2 | 2 | 8 | 8 | | |
| | 1 | 1 | 2 | 1 | 1 | | | | |
| | | 2 | 2 | 1 | 0, | 2 | 0 | 8 | |

---

Franzi beschreibt ihren Schulweg am Donnerstag so:
Ich fahre mit dem Fahrrad zu meiner Freundin Sarah und hole sie ab. Dann gehen wir zur Bushaltestelle und fahren mit dem Bus. Zuletzt gehen wir noch ein Stück zu Fuß.

**6.** Wann fährt Franzi von zu Hause los?    **7.15 Uhr**

**7.** An der wievielten Haltestelle steigt sie aus?    **3.**

**8.** Was macht sie um 7.25 Uhr?
**Sie holt die Freundin ab.**

**9.** Was macht sie um 7.50 Uhr?
**Sie geht zur Schule.**

**10.** Wann kommt sie in der Schule an?    **7.55 Uhr**

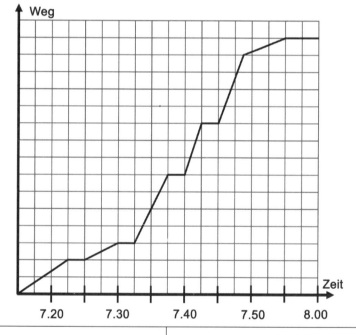

---

**11.** 450 kg = **0,45** t

**12.** 82,5 g = **0,0825** kg

**13.** 67 mg = **0,067** g

**14.** 0,05 t = **50** kg

**15.** $1\dfrac{1}{4}$ m = **125** cm

**16.** $3\dfrac{2}{5}$ km = **3 400** m

**17.** $2\dfrac{3}{4}$ cm = **27,5** mm

Setze +, −, · oder : ein.

**18.** $3 \cdot 7 + 6 - 8 = 19$

**19.** $4 + 8 : 2 - 6 = 2$

**20.** $6 \cdot 4 - 4 \cdot 5 = 4$

Christine Reinholtz: Übung macht Mathe-fit · 7. Klasse · Best.-Nr. 846

# Übung macht Mathe-fit

Name: _____  Datum: _____

---

Berechne. Kürze, wenn möglich.

**1.** $2\frac{1}{3} \cdot \frac{6}{14} =$ _____

**2.** $3\frac{3}{5} \cdot 2\frac{4}{9} =$ _____

**3.** $5\frac{5}{12} \cdot 1\frac{3}{5} =$ _____

Berechne im Kopf.

**4.** $15{,}8 - 5{,}9 =$ _____

**5.** $26{,}7 - 4{,}36 =$ _____

**6.** $43{,}6 - 12{,}8 =$ _____

**7.** $27{,}75 - 4{,}8 =$ _____

**8.** $42{,}8 - 15{,}9 =$ _____

---

An einem Wintertag wurden die folgenden Temperaturen gemessen:

| Uhrzeit | 2.00 | 4.00 | 6.00 | 8.00 | 10.00 | 12.00 | 14.00 | 16.00 | 18.00 | 20.00 | 22.00 | 24.00 |
|---|---|---|---|---|---|---|---|---|---|---|---|---|
| Temperatur (in °C) | −4 | −6 | −1 | 0 | +3 | +6 | +9 | +5 | +3 | 0 | −1 | −2 |

**9.** Zeichne die Temperaturkurve.

**10.** Der größte Temperaturunterschied betrug _____.

**11.** Die Durchschnittstemperatur betrug _____.

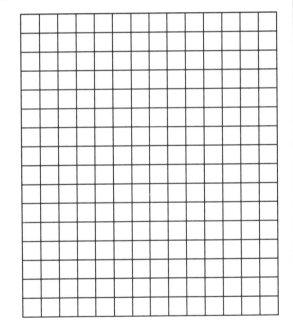

---

Rechne in die angegebene Einheit um.

**12.** 230 ml = _____ l

**13.** 35 dl = _____ l

**14.** 450 cl = _____ l

**15.** 2 l = _____ cl

**16.** 500 ml = _____ dl

Miss die Winkel.

**17.** $\alpha =$ _____

**18.** $\beta =$ _____

**19.** $\gamma =$ _____

**20.** $\delta =$ _____

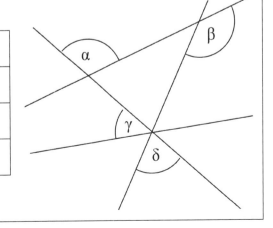

Name: _____  Datum: _____

---

**Berechne. Kürze, wenn möglich.**

**1.** $2\frac{1}{3} \cdot \frac{6}{14} = \frac{7}{3} \cdot \frac{6}{14} = 1$

**2.** $3\frac{3}{5} \cdot 2\frac{4}{9} = \frac{18}{5} \cdot \frac{22}{9} = \frac{44}{5} = 8\frac{4}{5}$

**3.** $5\frac{5}{12} \cdot 1\frac{3}{5} = \frac{65}{12} \cdot \frac{8}{5} = \frac{26}{3} = 8\frac{2}{3}$

**Berechne im Kopf.**

**4.** $15,8 - 5,9 = $ **9,9**

**5.** $26,7 - 4,36 = $ **22,34**

**6.** $43,6 - 12,8 = $ **30,8**

**7.** $27,75 - 4,8 = $ **22,95**

**8.** $42,8 - 15,9 = $ **26,9**

---

**An einem Wintertag wurden die folgenden Temperaturen gemessen:**

| Uhrzeit | 2.00 | 4.00 | 6.00 | 8.00 | 10.00 | 12.00 | 14.00 | 16.00 | 18.00 | 20.00 | 22.00 | 24.00 |
|---|---|---|---|---|---|---|---|---|---|---|---|---|
| Temperatur (in °C) | −4 | −6 | −1 | 0 | +3 | +6 | +9 | +5 | +3 | 0 | −1 | −2 |

**9.** Zeichne die Temperaturkurve.

**10.** Der größte Temperaturunterschied betrug **15 °C**.

**11.** Die Durchschnittstemperatur betrug **+1 °C**.

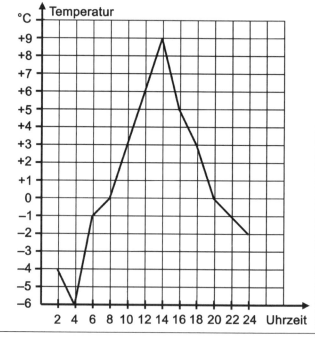

---

**Rechne in die angegebene Einheit um.**

**12.** $230 \text{ ml} = $ **0,23** l

**13.** $35 \text{ dl} = $ **3,5** l

**14.** $450 \text{ cl} = $ **4,5** l

**15.** $2 \text{ l} = $ **200** cl

**16.** $500 \text{ ml} = $ **5** dl

**Miss die Winkel.**

**17.** $\alpha = $ **115°**

**18.** $\beta = $ **139°**

**19.** $\gamma = $ **49°**

**20.** $\delta = $ **74°**

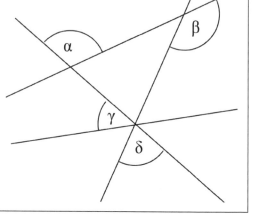

Christine Reinholtz: Übung macht Mathe-fit · 7. Klasse · Best.-Nr. 846

Name: _____  Datum: _____

---

Verbinde Rechnung und Ergebnis, ohne genau zu rechnen.

1. 412 · 93 •     • 2 924

2. 65 · 207 •     • 26 828

3. 68 · 43 •     • 13 455

4. 383 · 95 •     • 9 384

5. 706 · 38 •     • 38 316

6. 34 · 276 •     • 36 385

Gib die folgenden Brüche als Dezimalzahl und in Prozent an.

7. $\frac{1}{10}$ = _____ = _____

8. $\frac{2}{3}$ = _____ = _____

9. $\frac{3}{4}$ = _____ = _____

10. $\frac{4}{5}$ = _____ = _____

---

Ein Blumenbeet ist rechteckig, 5 m breit und 8 m lang. Das Beet soll auf allen Seiten mit einem 50 cm breiten Plattenweg eingefasst werden. Die Platten sind quadratisch mit einer Kantenlänge von 50 cm.

11. Zeichne eine Skizze und beschrifte sie.

12. Berechne den Flächeninhalt des Beetes.

A = _____

13. Berechne den Umfang des Beetes.

u = _____

14. Wie viele Platten werden gebraucht? _____

---

15. Um die Fassade eines Mietshauses zu streichen, rechnet der Meister bei 4 Malern mit 42 Stunden.
Durch Krankheit fällt ein Maler aus.
Für die Malerarbeiten werden jetzt

_____ Stunden gebraucht.

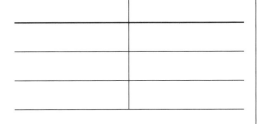

---

Rechne in die angegebene Einheit um.

16. 4 500 mm³ = _____ cm³

17. 0,47 m³ = _____ dm³

18. 25 000 cm³ = _____ m³

19. 455 cm³ = _____ dm³

20. Ein Wassertank fasst 1 m³ Wasser.
Wie viele Liter sind das?

_____

# Übung macht Mathe-fit *(Lösungsbogen)*

**21**

Name: _____    Datum: _____

---

**Verbinde Rechnung und Ergebnis, ohne genau zu rechnen.**

1. $412 \cdot 93$
2. $65 \cdot 207$
3. $68 \cdot 43$
4. $383 \cdot 95$
5. $706 \cdot 38$
6. $34 \cdot 276$

2 924
26 828
13 455
9 384
38 316
36 385

**Gib die folgenden Brüche als Dezimalzahl und in Prozent an.**

7. $\dfrac{1}{10}$ = **0,1** = **10 %**

8. $\dfrac{2}{3}$ = **0,$\overline{66}$** = **66,$\overline{6}$ %**

9. $\dfrac{3}{4}$ = **0,75** = **75 %**

10. $\dfrac{4}{5}$ = **0,8** = **80 %**

---

Ein Blumenbeet ist rechteckig, 5 m breit und 8 m lang. Das Beet soll auf allen Seiten mit einem 50 cm breiten Plattenweg eingefasst werden. Die Platten sind quadratisch mit einer Kantenlänge von 50 cm.

11. Zeichne eine Skizze und beschrifte sie.

12. Berechne den Flächeninhalt des Beetes.

   A = **40 m²**

13. Berechne den Umfang des Beetes.

   u = **26 m**

5 m

8 m

50 cm
50 cm

14. Wie viele Platten werden gebraucht?  **16 · 2 + 10 · 2 + 4 = 56**

---

15. Um die Fassade eines Mietshauses zu streichen, rechnet der Meister bei 4 Malern mit 42 Stunden.
Durch Krankheit fällt ein Maler aus. Für die Malerarbeiten werden jetzt
**56** Stunden gebraucht.

| Anzahl | Stunden |
|--------|---------|
| 4 | 42 |
| 1 | 168 |
| 3 | 56 |

---

**Rechne in die angegebene Einheit um.**

16. $4\,500$ mm³  =  **4,5** cm³

17. $0,47$ m³  =  **470** dm³

18. $25\,000$ cm³  =  **0,025** m³

19. $455$ cm³  =  **0,455** dm³

20. Ein Wassertank fasst 1 m³ Wasser. Wie viele Liter sind das?

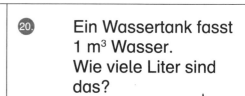

**1 000**

Christine Reinholtz: Übung macht Mathe-fit · 7. Klasse · Best.-Nr. 846

# Übung macht Mathe-fit

Name: _____  Datum: _____

---

Rechne im Kopf.

1. $135 : 15 =$ _____

2. $136 : 17 =$ _____

3. $126 : 21 =$ _____

4. $300 : 12 =$ _____

5. $495 : 11 =$ _____

Kreuze an.

| Zahl | ... ist teilbar durch | | | |
|---|---|---|---|---|
| | 4 | 6 | 9 | 25 |
| 6. 1 392 | | | | |
| 7. 3 150 | | | | |
| 8. 4 734 | | | | |

---

9. Zeichne ein Rechteck, dessen Umfang doppelt so groß ist wie der Umfang des Quadrats.

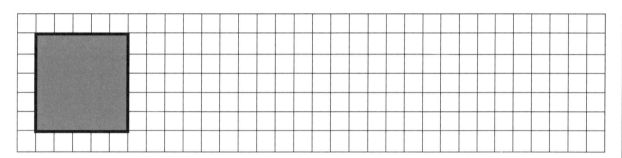

---

Schreibe die folgenden Ausdrücke als Terme.

10. Die Summe aus den Zahlen x und y. _____

11. Das Produkt aus der natürlichen Zahl n und ihrem Nachfolger. _____

12. Der Nenner eines Bruches a ist doppelt so groß wie sein Zähler. _____

---

Aus einem Skatspiel mit 32 Karten wird eine Karte gezogen. Bestimme die Wahrscheinlichkeit für die folgenden Karten.

13. ein Ass _____

14. eine Herz-Karte _____

15. Bube, König oder Dame _____

Ein Würfel hat eine Kantenlänge von 7 cm. Berechne Oberfläche und Volumen.

16. $O =$ _____

17. $V =$ _____

---

Berechne.

18. $23 + 4 (25 - 60 : 4) - 2 \cdot 13 =$ _____

19. $[90 - (4 + 56 : 7) - 3] - 4 \cdot 3 =$ _____

20. $(4^3 \cdot 4 - 56) : 8 + 24 : 6 =$ _____

Name: _____    Datum: _____

---

Rechne im Kopf.

**1.** $135 : 15 = $ **9**

**2.** $136 : 17 = $ **8**

**3.** $126 : 21 = $ **6**

**4.** $300 : 12 = $ **25**

**5.** $495 : 11 = $ **45**

Kreuze an.

| Zahl | ... ist teilbar durch | | | |
|---|---|---|---|---|
| | 4 | 6 | 9 | 25 |
| **6.** 1 392 | X | X | | |
| **7.** 3 150 | | X | X | X |
| **8.** 4 734 | | X | X | |

---

**9.** Zeichne ein Rechteck, dessen Umfang doppelt so groß ist wie der Umfang des Quadrats.

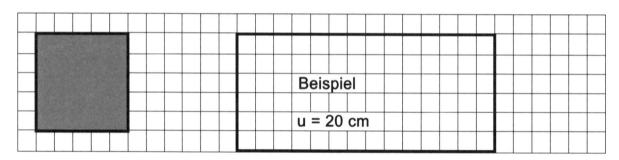

Beispiel

u = 20 cm

---

Schreibe die folgenden Ausdrücke als Terme.

**10.** Die Summe aus den Zahlen x und y.       $x + y$

**11.** Das Produkt aus der natürlichen Zahl n und ihrem Nachfolger.       $n \cdot (n + 1)$

**12.** Der Nenner eines Bruches a ist doppelt so groß wie sein Zähler.       $\dfrac{a}{2a}$

---

Aus einem Skatspiel mit 32 Karten wird eine Karte gezogen. Bestimme die Wahrscheinlichkeit für die folgenden Karten.

**13.** ein Ass       $\dfrac{4}{32} = \dfrac{1}{8}$

**14.** eine Herz-Karte       $\dfrac{8}{32} = \dfrac{1}{4}$

**15.** Bube, König oder Dame       $\dfrac{12}{32} = \dfrac{3}{8}$

Ein Würfel hat eine Kantenlänge von 7 cm. Berechne Oberfläche und Volumen.

**16.** $O = $ **$6 \cdot 7^2 \text{ cm}^2 = 294 \text{ cm}^2$**

**17.** $V = $ **$7^3 \text{ cm}^3 = 343 \text{ cm}^3$**

---

Berechne.

**18.** $23 + 4 (25 - 60 : 4) - 2 \cdot 13 = $       **$23 + 40 - 26 = 37$**

**19.** $[90 - (4 + 56 : 7) - 3] - 4 \cdot 3 = $       **$90 - 12 - 3 - 12 = 63$**

**20.** $(4^3 \cdot 4 - 56) : 8 + 24 : 6 = $       **$(256 - 56) : 8 + 4 = 29$**

Christine Reinholtz: Übung macht Mathe-fit · 7. Klasse · Best.-Nr. 846

# Übung macht Mathe-fit

Name: _____     Datum: _____

### Rechne im Kopf.

**1.**  $20{,}25 \cdot 10 \ = $ _____

**2.**  $0{,}004 \cdot 100 \ = $ _____

**3.**  $1{,}45 : 10 \ = $ _____

**4.**  $104{,}9 : 100 \ = $ _____

**5.**  $23{,}6 : 100 \ = $ _____

**6.** Dividiere schriftlich.

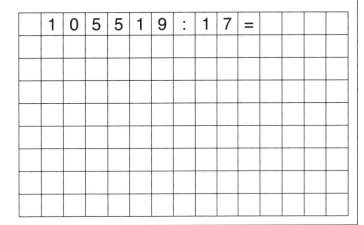

| 1 | 0 | 5 | 5 | 1 | 9 | : | 1 | 7 | = | | |

### Kreuze an.

| | Richtig | Falsch |
|---|---|---|
| **7.** Jedes gleichschenklige Dreieck hat einen rechten Winkel. | | |
| **8.** Jedes gleichschenklige Dreieck hat mindestens eine Symmetrieachse. | | |
| **9.** In einem stumpfwinkligen Dreieck kann es zwei stumpfe Winkel geben. | | |
| **10.** In einem stumpfwinkligen Dreieck kann es keinen rechten Winkel geben. | | |

Die Zahl x liegt genau in der Mitte zwischen den beiden Zahlen.

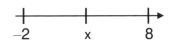

–2        x        8          –3        x        4

**11.**  x  =  _____     **12.**  x  =  _____

### Runde auf zwei Stellen nach dem Komma.

**13.**  $23{,}402 \ \approx$ _____

**14.**  $8{,}2587 \ \approx$ _____

**15.**  $0{,}4959 \ \approx$ _____

**16.** Du hast diese beiden Teile und darfst sie drehen und verschieben, aber nicht umdrehen. Streiche die Figur durch, die du nicht legen kannst.

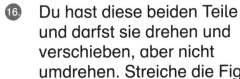

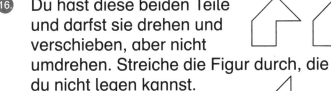
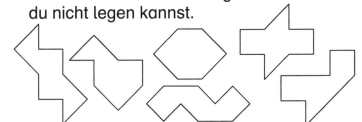

### Setze <, = oder > ein.

**17.**  2 400 mm  ☐  21 m

**18.**  0,067 km  ☐  6 700 cm

**19.**  3,5 dm  ☐  3 050 mm

**20.**  750 cm  ☐  0,07 km

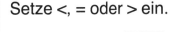
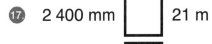

Name: _____ Datum: _____

---

## Rechne im Kopf.

**1.** $20{,}25 \cdot 10 = $ **202,5**

**2.** $0{,}004 \cdot 100 = $ **0,4**

**3.** $1{,}45 : 10 = $ **0,145**

**4.** $104{,}9 : 100 = $ **1,049**

**5.** $23{,}6 : 100 = $ **0,236**

**6.** Dividiere schriftlich.

| 1 | 0 | 5 | 5 | 1 | 9 | : | 1 | 7 | = | 6 | 2 | 0 | 7 |
|---|---|---|---|---|---|---|---|---|---|---|---|---|---|
| − | 1 | 0 | 2 | | | | | | | | | | |
| | | 3 | 5 | | | | | | | | | | |
| | − | 3 | 4 | | | | | | | | | | |
| | | 1 | 1 | | | | | | | | | | |
| | | − | 0 | | | | | | | | | | |
| | | | 1 | 1 | 9 | | | | | | | | |
| | | − | 1 | 1 | 9 | | | | | | | | |
| | | | | | 0 | | | | | | | | |

---

## Kreuze an.

| | | Richtig | Falsch |
|---|---|---|---|
| **7.** | Jedes gleichschenklige Dreieck hat einen rechten Winkel. | | X |
| **8.** | Jedes gleichschenklige Dreieck hat mindestens eine Symmetrieachse. | X | |
| **9.** | In einem stumpfwinkligen Dreieck kann es zwei stumpfe Winkel geben. | | X |
| **10.** | In einem stumpfwinkligen Dreieck kann es keinen rechten Winkel geben. | X | |

---

Die Zahl x liegt genau in der Mitte zwischen den beiden Zahlen.

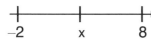

**11.** $x = $ **3**

**12.** $x = $ **0,5**

Runde auf zwei Stellen nach dem Komma.

**13.** $23{,}402 \approx$ **23,40**

**14.** $8{,}2587 \approx$ **8,26**

**15.** $0{,}4959 \approx$ **0,50**

---

**17.** Du hast diese beiden Teile und darfst sie drehen und verschieben, aber nicht umdrehen. Streiche die Figur durch, die du nicht legen kannst.

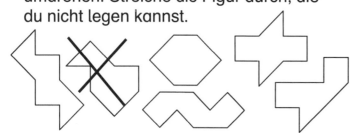

Setze <, = oder > ein.

**16.** 2 400 mm **<** 21 m

**17.** 0,067 km **=** 6 700 cm

**18.** 3,5 dm **<** 3 050 mm

**19.** 750 cm **<** 0,07 km

Name: _____          Datum: _____

Berechne. Kürze und/oder wandle um.

**1.** $\dfrac{4 + 3 \cdot 4}{8}$ = _____

**2.** $\dfrac{5 \cdot 7 - 2 \cdot 5}{2 \cdot 4 + 1}$ = _____

**3.** $\dfrac{5 + 3 \cdot 9}{2 \cdot 6 + 4}$ = _____

Für einen Zirkus wird ein Würfel mit 60 cm Kantenlänge gebaut. Die Kanten bestehen aus Holzlatten.

**4.** Berechne, wie viele Meter Holzlatten benötigt werden.

_____

**5.** Der Würfel wird mit Samt bezogen. Wie viele Quadratmeter Samt müssen gekauft werden?

_____

Ordne die Formeln aus dem Kasten den Vierecken und Körpern richtig zu.

**6.** A = _____ , u = _____

**7.** A = _____ , u = _____

**8.** V = _____ , O = _____

**9.** V = _____ , O = _____

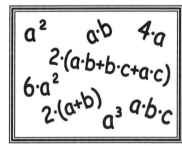

$a^2 \qquad a \cdot b \qquad 4 \cdot a$

$2 \cdot (a \cdot b + b \cdot c + a \cdot c)$

$6 \cdot a^2$

$2 \cdot (a+b) \qquad a^3 \quad a \cdot b \cdot c$

**10.** Ein Futtervorrat reicht bei 12 Schweinen 30 Tage. Wie viele Tage reicht er bei 9 Schweinen?

_____

Berechne.

**11.** $[9 - 2 \cdot (-6)] \cdot 4 - 3 \cdot (-8)$ = _____

**12.** $(-80) + [(-7) - (-15) \cdot 4]$ = _____

Wie lange dauert es?

**13.** 16.35 bis 23.10 Uhr ____ h ____ min

**14.** 11.25 bis 19.30 Uhr ____ h ____ min

**15.** 7.48 bis 12.25 Uhr ____ h ____ min

**16.** 18.12 bis 0.45 Uhr ____ h ____ min

Welche Zahl musst du für x einsetzen?

**17.** $x + 0{,}3 = 3{,}8$ $\quad x =$ _____

**18.** $2{,}4 : x = 0{,}3$ $\quad x =$ _____

**19.** $x \cdot 0{,}2 = 0{,}6$ $\quad x =$ _____

**20.** $x - 0{,}5 = 2{,}3$ $\quad x =$ _____

Name: _____     Datum: _____

---

**Berechne. Kürze und/oder wandle um.**

1. $\dfrac{4 + 3 \cdot 4}{8} = \dfrac{16}{8} = 2$

2. $\dfrac{5 \cdot 7 - 2 \cdot 5}{2 \cdot 4 + 1} = \dfrac{25}{9} = 2\dfrac{7}{9}$

3. $\dfrac{5 + 3 \cdot 9}{2 \cdot 6 + 4} = \dfrac{32}{16} = 2$

**Für einen Zirkus wird ein Würfel mit 60 cm Kantenlänge gebaut. Die Kanten bestehen aus Holzlatten.**

4. Berechne, wie viele Meter Holzlatten benötigt werden.

**12 · 60 cm = 7,2 m**

5. Der Würfel wird mit Samt bezogen. Wie viele Quadratmeter Samt müssen gekauft werden?

**6 · 0,36 m² = 2,16 m²**

---

**Ordne die Formeln aus dem Kasten den Vierecken und Körpern richtig zu.**

6. ☐     $A = a^2, \quad u = 4 \cdot a$

7. ▭     $A = a \cdot b, \quad u = 2 \cdot (a + b)$

8. 🧊     $V = a^3, \quad O = 6 \cdot a^2$

9. 📦     $V = a \cdot b \cdot c, \quad O = 2 \cdot (a \cdot b + b \cdot c + a \cdot c)$

$$a^2 \quad a \cdot b \quad 4 \cdot a$$
$$2 \cdot (a \cdot b + b \cdot c + a \cdot c)$$
$$6 \cdot a^2$$
$$2 \cdot (a+b) \quad a^3 \quad a \cdot b \cdot c$$

---

10. Ein Futtervorrat reicht bei 12 Schweinen 30 Tage. Wie viele Tage reicht er bei 9 Schweinen?

**Der Futtervorrat reicht für 40 Tage.**

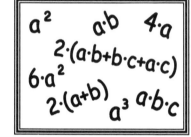

| Anzahl der Schweine | Tage |
|---|---|
| 12 | 30 |
| 1 | 360 |
| 9 | 40 |

:12   ·12
·9   :9

---

**Berechne.**

11. $[9 - 2 \cdot (-6)] \cdot 4 - 3 \cdot (-8) = [9 + 12] \cdot 4 + 24 = 21 \cdot 4 + 24 = 108$

12. $(-80) + [(-7) - (-15) \cdot 4] = (-80) + [-7 + 60] = -80 + 53 = -27$

---

**Wie lange dauert es?**

11. 16.35 bis 23.10 Uhr     **6 h 35 min**

12. 11.25 bis 19.30 Uhr     **8 h 5 min**

13. 7.48 bis 12.25 Uhr     **4 h 37 min**

14. 18.12 bis 0.45 Uhr     **5 h 33 min**

**Welche Zahl musst du für x einsetzen?**

17. $x + 0,3 = 3,8 \qquad x = \mathbf{3,5}$

18. $2,4 : x = 0,3 \qquad x = \mathbf{8}$

19. $x \cdot 0,2 = 0,6 \qquad x = \mathbf{3}$

20. $x - 0,5 = 2,3 \qquad x = \mathbf{2,8}$

Christine Reinholtz: Übung macht Mathe-fit, 7. Klasse, Best.-Nr. 846

Name: _____  Datum: _____

---

Berechne.

**1.** $(-6) \cdot (+0,4) \cdot (-5) =$ _____

**2.** $(+7) \cdot (-0,1) \cdot (+5) =$ _____

**3.** $(-9) \cdot (-3) \cdot (-0,1) =$ _____

**4.** $(+0,5) \cdot (+4) \cdot (-3) =$ _____

Gib als Dezimalzahl und Bruch (gekürzt) an.

**5.** $60\,\% =$ _____ $=$ _____

**6.** $5\,\% =$ _____ $=$ _____

**7.** $35\,\% =$ _____ $=$ _____

**8.** $12,5\,\% =$ _____ $=$ _____

---

**9.** Ordne die Füllkurven den richtigen Gefäßen zu.

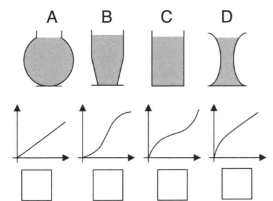

A   B   C   D

☐ ☐ ☐ ☐

**10.** Kreuze die Zahl an, die am dichtesten bei 8 liegt.

☐ 7,89   ☐ 8,12   ☐ 7,9   ☐ 8,09

---

Rechne um.

**11.** $2\frac{1}{4}$ min = _____ s

**12.** $5\frac{1}{2}$ h = _____ min

**13.** $8\frac{3}{4}$ min = _____ s

---

Bestimme jeweils den Flächeninhalt.

**14.** $A =$ _____ cm²

**15.** $A =$ _____ cm²

**16.** $A =$ _____ cm²

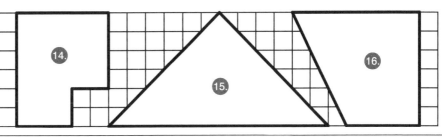

---

**17.** In der letzten Klassenarbeit hatte Simon 35 von 50 Punkten.

Das sind _____ %.

**18.** Kartoffeln bestehen zu ungefähr 75 % aus Wasser.

In 300 g Kartoffeln sind _____ g Wasser enthalten.

**19.** Frau Dreyer zahlt beim Kauf ihres neuen Autos 3600 € an.

Das sind 25 % des Kaufpreises. Das Auto kostet insgesamt _____ €.

**20.** Ein CD-Spieler kostet 160 €. Jan bekommt ihn für 144 €. Er spart _____ %.

Name: _____  Datum: _____

---

Berechne.

**1.** $(-6) \cdot (+0{,}4) \cdot (-5) = $ **12**

**2.** $(+7) \cdot (-0{,}1) \cdot (+5) = $ **−3,5**

**3.** $(-9) \cdot (-3) \cdot (-0{,}1) = $ **−2,7**

**4.** $(+0{,}5) \cdot (+4) \cdot (-3) = $ **−6**

Gib als Dezimalzahl und Bruch (gekürzt) an.

**5.** $60\,\% = $ **0,6** $= \dfrac{6}{10} = \dfrac{3}{5}$

**6.** $5\,\% = $ **0,05** $= \dfrac{5}{100} = \dfrac{1}{20}$

**7.** $35\,\% = $ **0,35** $= \dfrac{35}{100} = \dfrac{7}{20}$

**8.** $12{,}5\,\% = $ **0,125** $= \dfrac{125}{1000} = \dfrac{1}{8}$

---

**9.** Ordne die Füllkurven den richtigen Gefäßen zu.

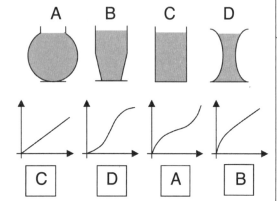

A   B   C   D

| C | D | A | B |

**10.** Kreuze die Zahl an, die am dichtesten bei 8 liegt.

☐ 7,89    ☐ 8,12    ☐ 7,9    ☒ 8,09

Rechne um.

**11.** $2\tfrac{1}{4}$ min $= $ **135** s

**12.** $5\tfrac{1}{2}$ h $= $ **330** min

**13.** $8\tfrac{3}{4}$ min $= $ **525** s

---

Bestimme jeweils den Flächeninhalt.

**14.** $A = $ **6,5** cm²

**15.** $A = $ **9** cm²

**16.** $A = $ **8,25** cm²

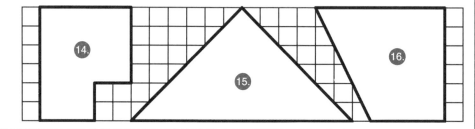

---

**17.** In der letzten Klassenarbeit hatte Simon 35 von 50 Punkten.

Das sind **70** %.

**18.** Kartoffeln bestehen zu ungefähr 75 % aus Wasser.

In 300 g Kartoffeln sind **225** g Wasser enthalten.

**19.** Frau Dreyer zahlt beim Kauf ihres neuen Autos 3600 € an.

Das sind 25 % des Kaufpreises. Das Auto kostet insgesamt **14 400** €.

**20.** Ein CD-Spieler kostet 160 €. Jan bekommt ihn für 144 €. Er spart **10** %.

Name: _____    Datum: _____

**Berechne das Ganze.**

1. 30 % eines Betrages sind 180 €. _____

2. 70 % einer Länge sind 21 m. _____

3. 60 % einer Fläche sind 48 m². _____

4. 15 % einer Zeitspanne sind 3 h. _____

**Rechne um.**

5. $3\frac{1}{4}$ t  =  _____ kg

6. $\frac{3}{4}$ g  =  _____ mg

7. $10\frac{1}{5}$ t  =  _____ kg

8. Tanjas Vater mietet den Kleintransporter von 9.45 Uhr bis 14.20 Uhr.

Er bezahlt

_Kleintransporter_

2 Std. nur 35 €, jede weitere angefangene halbe Stunde 5 €

_____ €

9. Konstruiere den Schwerpunkt des Dreiecks.

10. Jan zeichnet die Eckpunkte eines regelmäßigen Sechsecks und verbindet einige der Punkte zu einer geometrischen Figur. Welche Figuren kann er dabei nicht zeichnen?

☐ spitzwinkliges Dreieck      ☐ Quadrat

☐ rechtwinkliges Dreieck      ☐ Parallelogramm

☐ stumpfwinkliges Dreieck     ☐ Trapez

Entscheide, ob die folgenden Zuordnungen proportional (p), antiproportional (a) oder keines von beidem (n) sind.

11. ☐ Alter eines Menschen → Körpergröße

12. ☐ Geschwindigkeit → benötigte Fahrzeit

13. ☐ Größe eines Autos → Preis des Autos

14. ☐ Anzahl von Papierblättern → Höhe des Stapels

15. ☐ Fahrzeit → Fahrstrecke

16. ☐ Anzahl von Tieren → Futtervorrat in Tagen

Setze <, = oder > ein.

17. $\frac{2}{3}$ ☐ $\frac{5}{7}$

18. $\frac{5}{8}$ ☐ $\frac{7}{12}$

19. $\frac{3}{7}$ ☐ $\frac{2}{5}$

20. $\frac{5}{6}$ ☐ $\frac{6}{7}$

Name: _____  Datum: _____

---

**Berechne das Ganze.**

**1.** 30 % eines Betrages sind 180 €.  **600 €**

**2.** 70 % einer Länge sind 21 m.  **30 m**

**3.** 60 % einer Fläche sind 48 m².  **80 m²**

**4.** 15 % einer Zeitspanne sind 3 h.  **20 h**

**Rechne um.**

**5.** $3\frac{1}{4}$ t = **3 250** kg

**6.** $\frac{3}{4}$ g = **750** mg

**7.** $10\frac{1}{5}$ t = **10 200** kg

---

**8.** Tanjas Vater mietet den Kleintransporter von 9.45 Uhr bis 14.20 Uhr.

Er bezahlt

**80 €**

*Kleintransporter*

2 Std. nur 35 €, jede weitere angefangene halbe Stunde 5 €

**9.** Konstruiere den Schwerpunkt des Dreiecks.

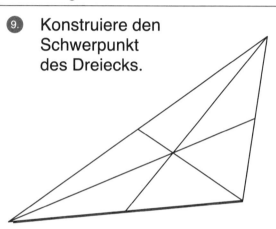

---

**10.** Jan zeichnet die Eckpunkte eines regelmäßigen Sechsecks und verbindet einige der Punkte zu einer geometrischen Figur. Welche Figuren kann er dabei nicht zeichnen?

☐ spitzwinkliges Dreieck  ☒ Quadrat

☐ rechtwinkliges Dreieck  ☐ Parallelogramm*

☐ stumpfwinkliges Dreieck  ☐ Trapez

\* Beim Rechteck handelt es sich um einen Spezialfall des Parallelogramms

---

Entscheide, ob die folgenden Zuordnungen proportional (p), antiproportional (a) oder keines von beidem (n) sind.

| **11.** | n | Alter eines Menschen → Körpergröße |
|---|---|---|
| **12.** | a | Geschwindigkeit → benötigte Fahrzeit |
| **13.** | n | Größe eines Autos → Preis des Autos |
| **14.** | p | Anzahl von Papierblättern → Höhe des Stapels |
| **15.** | p | Fahrzeit → Fahrstrecke |
| **16.** | a | Anzahl von Tieren → Futtervorrat in Tagen |

Setze <, = oder > ein.

**17.** $\frac{2}{3}$ **<** $\frac{5}{7}$

**18.** $\frac{5}{8}$ **>** $\frac{7}{12}$

**19.** $\frac{3}{7}$ **>** $\frac{2}{5}$

**20.** $\frac{5}{6}$ **<** $\frac{6}{7}$

Christine Reinholtz: Übung macht Mathe-fit · 7. Klasse · Best.-Nr. 846

Name: _____    Datum: _____

Verbinde Rechnung und Ergebnis, ohne genau zu rechnen.

1. 961 · 46 •        • 2 516
2. 37 · 68 •          • 18 084
3. 68 · 403 •        • 44 206
4. 66 · 274 •        • 16 909
5. 37 · 457 •        • 27 404

Rechne in die angegebene Einheit um.

**1 dm³ = 1 l**

6. 4,5 m³ = _____ l
7. 750 cm³ = _____ l
8. 0,9 m³ = _____ l
9. 25 000 mm³ = _____ l

10. Wie viele Sterne musst du auf die rechte Seite der Waage legen, damit die Waage im Gleichgewicht ist?

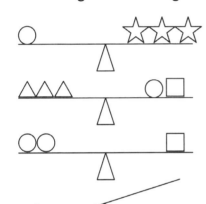

Berechne.

11. $8 - [21 + 5 + (7 - 2)] = $ _____

12. $[-4 - (9 + 12)] - (-23) = $ _____

13. $-19 + 3 - (13 + 5) = $ _____

14. $-[35 - (4 + 20)] - (-12) = $ _____

15. In einem gleichschenkligen Dreieck ist der Winkel an der Spitze doppelt so groß wie der Basiswinkel α.    α = _____

16. Ich denke mir eine Zahl. Wenn ich die Zahl mit 3 multipliziere, dann 6 subtrahiere und das Ergebnis durch 6 dividiere, erhalte ich 5.

Die gedachte Zahl heißt _____.

17. Zeichne die Punkte und verbinde sie zu einem Viereck:
A (5|0), B (7|1), C (6|3), D (4|2)

18. Zeichne eine Gerade s durch die Punkte S (3|2) und T (7|6).

19. Spiegele das Viereck an der Symmetrieachse s.

20. Schreibe die Koordinaten der neuen Punkte auf:

A' ( ___ | ___ ), B' ( ___ | ___ ), C' ( ___ | ___ ), D' ( ___ | ___ ).

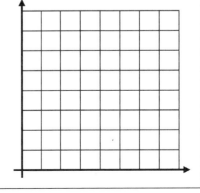

Name: _____   Datum: _____

---

Verbinde Rechnung und Ergebnis, ohne genau zu rechnen.

1. $961 \cdot 46$
2. $37 \cdot 68$
3. $68 \cdot 403$
4. $66 \cdot 274$
5. $37 \cdot 457$

2 516
18 084
44 206
16 909
27 404

Rechne in die angegebene Einheit um.

**1 dm³ = 1 l**

6. $4,5 \text{ m}^3 = $ **4 500 l**
7. $750 \text{ cm}^3 = $ **0,75 l**
8. $0,9 \text{ m}^3 = $ **900 l**
9. $25\,000 \text{ mm}^3 = $ **0,025 l**

---

10. Wie viele Sterne musst du auf die rechte Seite der Waage legen, damit die Waage im Gleichgewicht ist?

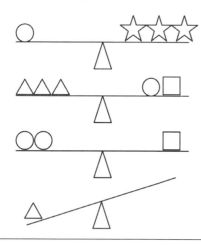

**3**

Berechne.

11. $8 - [21 + 5 + (7 - 2)] =$
$8 - [26 + 5] = 8 - 31 = -23$

12. $[-4 - (9 + 12)] - (-23) =$
$-4 - 21 + 23 = -2$

13. $-19 + 3 - (13 + 5) =$
$-19 + 3 - 18 = -34$

14. $-[35 - (4 + 20)] - (-12) =$
$-[35 - 24] + 12 = +1$

---

15. In einem gleichschenkligen Dreieck ist der Winkel an der Spitze doppelt so groß wie der Basiswinkel $\alpha$.  $\alpha =$ **45°**

---

16. Ich denke mir eine Zahl. Wenn ich die Zahl mit 3 multipliziere, dann 6 subtrahiere und das Ergebnis durch 6 dividiere, erhalte ich 5.

Die gedachte Zahl heißt **12**.

---

17. Zeichne die Punkte und verbinde sie zu einem Viereck:
A (5|0), B (7|1), C (6|3), D (4|2)

18. Zeichne eine Gerade s durch die Punkte S (3|2) und T (7|6).

19. Spiegele das Viereck an der Symmetrieachse s.

20. Schreibe die Koordinaten der neuen Punkte auf:

A' (**1|4**), B' (**2|6**), C' (**4|5**), D' (**3|3**).

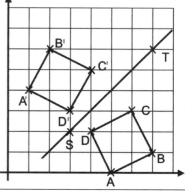

Christine Reinholtz: Übung macht Mathe-fit · 7. Klasse · Best.-Nr. 846

# Übung macht Mathe-fit

Name: _____     Datum: _____

Berechne die fehlenden Größen von folgenden Dreiecken.

| Dreieck | **1.** a) | **2.** b) | **3.** c) | **4.** d) | **5.** e) |
|---|---|---|---|---|---|
| Grundlinie g | 5 cm | 6,8 cm | | 16 cm | |
| Höhe h | 8 cm | 4 cm | 13 cm | | 7 cm |
| Flächeninhalt A | | | 52 cm² | 32 cm² | 45,5 cm² |

Berechne

**6.** die Summe aller ganzen Zahlen zwischen –3 und +2.  _____

**7.** das Produkt aller ganzen Zahlen zwischen –3 und +2.  _____

**8.** Ordne der Größe nach. Beginne mit der kleinsten Zahl.

$+0,8; \quad -3\frac{2}{5}; \quad -2,1; \quad -\frac{1}{3}; \quad +4,1; \quad -0,5; \quad +1,6; \quad +\frac{1}{8}; \quad -3,5$

_____

Welche Art von Zuordnung ist es? (Proportional, antiproportional oder sonstige)

**9.**
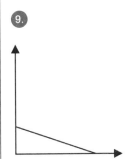

**10.**
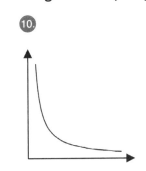

**11.**
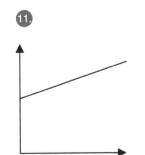

**12.**
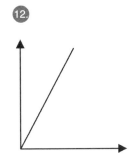

_____   _____   _____   _____

Berechne die fehlenden Winkel. (Die Zeichnung ist nicht maßstabsgerecht.)

| | |
|---|---|
| **13.** | α = |
| **14.** | β = |
| **15.** | γ = |

| | |
|---|---|
| **16.** | δ = |
| **17.** | ε = |
| **18.** | ω = |

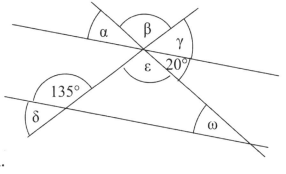

**19.** _____ und _____ sind Stufenwinkel.

**20.** _____ und _____ sind Wechselwinkel.

Name: _____ Datum: _____

Berechne die fehlenden Größen von folgenden Dreiecken.

|  | **1.** | **2.** | **3.** | **4.** | **5.** |
|---|---|---|---|---|---|
| Dreieck | a) | b) | c) | d) | e) |
| Grundlinie g | 5 cm | 6,8 cm | **8 cm** | 16 cm | **13 cm** |
| Höhe h | 8 cm | 4 cm | 13 cm | **4 cm** | 7 cm |
| Flächeninhalt A | **20 cm²** | **13,6 cm²** | 52 cm² | 32 cm² | 45,5 cm² |

Berechne

**6.** die Summe aller ganzen Zahlen zwischen −3 und +2.  **−3**

**7.** das Produkt aller ganzen Zahlen zwischen −3 und +2.  **0**

**8.** Ordne der Größe nach. Beginne mit der kleinsten Zahl.

$+0,8; \quad -3\frac{2}{5}; \quad -2,1; \quad -\frac{1}{3}; \quad +4,1; \quad -0,5; \quad +1,6; \quad +\frac{1}{8}; \quad -3,5$

$-3,5 < -3\frac{2}{5} < -2,1 < -0,5 < -\frac{1}{3} < +\frac{1}{8} < +0,8 < +1,6 < +4,1$

Welche Art von Zuordnung ist es? (Proportional, antiproportional oder sonstige)

**9.** 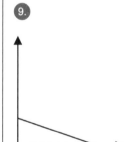 **10.** 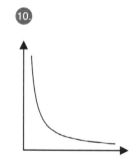 **11.** 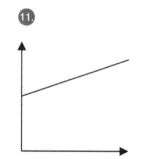 **12.**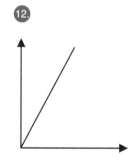

**sonstige**  **antiproportional**  **sonstige**  **proportional**

Berechne die fehlenden Winkel. (Die Zeichnung ist nicht maßstabsgerecht.)

**13.** $\alpha = 20°$   **16.** $\delta = 45°$

**14.** $\beta = 115°$   **17.** $\varepsilon = 115°$

**15.** $\gamma = 45°$   **18.** $\omega = 20°$

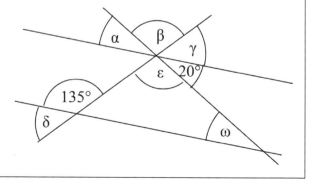

**19.** $\alpha$ und $\omega$ sind Stufenwinkel.

**20.** $\delta$ und $\gamma$ sind Wechselwinkel.

Christine Reinholtz: Übung macht Mathe-fit · 7. Klasse · Best.-Nr. 846

# Übung macht Mathe-fit

Name: _____     Datum: _____

---

Welche der folgenden Überschläge sind angemessen? Schreibe ja oder nein.

**1.**  19 € von 202 € sind etwa 10 %.  _____

**2.**  68 % von 800 t sind etwa 650 t.  _____

**3.**  39 € von 270 € sind etwa 15 %.  _____

**4.**  50,4% von 750 l sind etwa 300 l.  _____

**5.**  89 kg von 555 kg sind etwa 25 %.  _____

---

Schreibe den Bruch, der genau in der Mitte zwischen den beiden Brüchen liegt.

**6.**  $\frac{2}{7}$  [ ]  $\frac{6}{7}$

**7.**  $\frac{2}{5}$  [ ]  $\frac{3}{5}$

**8.**  $\frac{1}{4}$  [ ]  $\frac{1}{3}$

---

Glas hat eine Dichte von ca. 2,5 g/cm³. Das heißt: 1 cm³ Glas wiegt 2,5 g.

**9.** Fülle die Wertetabelle aus.

| Volumen (in cm³) | Masse (in g) |
|---|---|
| 1 | |
| 2 | |
| 3 | |
| 4 | |
| 5 | |

**10.** Zeichne den Graphen der Zuordnung.

---

Rechne um.

**11.**  54 Monate  = _____ Jahre _____ Monate

**12.**  95 d  = _____ Wochen _____ d

**13.**  154 h  = _____ d _____ h

**14.**  575 min  = _____ h _____ min

---

Färbe.

**15.**  60 %

**16.**  $\frac{2}{3}$

---

**17.** Welche Zahl muss man halbieren, um −3,7 zu erhalten?  _____

**18.** Welche Zahl muss man verdreifachen, um −7,8 zu erhalten?

---

5 Lkws fahren einen Schuttberg in 12 Tagen ab.

**19.**  6 Lkws benötigen dafür _____ Tage.

**20.**  4 Lkws benötigen dafür _____ Tage.

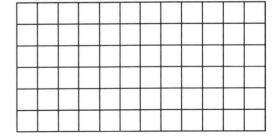

Name: _____    Datum: _____

---

Welche der folgenden Überschläge sind angemessen? Schreibe ja oder nein.

**1.** 19 € von 202 € sind etwa 10 %.    **ja**

**2.** 68 % von 800 t sind etwa 650 t.    **nein**

**3.** 39 € von 270 € sind etwa 15 %.    **ja**

**4.** 50,4% von 750 l sind etwa 300 l.    **nein**

**5.** 89 kg von 555 kg sind etwa 25 %.    **nein**

Schreibe den Bruch, der genau in der Mitte zwischen den beiden Brüchen liegt.

**6.** $\dfrac{2}{7}$   $\boxed{\dfrac{4}{7}}$   $\dfrac{6}{7}$

**7.** $\dfrac{2}{5}$   $\boxed{\dfrac{1}{2} = \dfrac{5}{10}}$   $\dfrac{3}{5}$

**8.** $\dfrac{1}{4}$   $\boxed{\dfrac{7}{24}}$   $\dfrac{1}{3}$

---

Glas hat eine Dichte von ca. 2,5 g/cm³. Das heißt: 1 cm³ Glas wiegt 2,5 g.

**9.** Fülle die Wertetabelle aus.

| Volumen (in cm³) | Masse (in g) |
|---|---|
| 1 | **2,5** |
| 2 | **5** |
| 3 | **7,5** |
| 4 | **10** |
| 5 | **12,5** |

**10.** Zeichne den Graphen der Zuordnung.

---

Rechne um.

**11.** 54 Monate   =   **4** Jahre **6** Monate

**12.** 95 d   =   **13** Wochen **4** d

**13.** 154 h   =   **6** d **10** h

**14.** 575 min   =   **9** h **35** min

Färbe.

**15.** 60 %

**16.** $\dfrac{2}{3}$

---

**17.** Welche Zahl muss man halbieren, um −3,7 zu erhalten?    **−7,4**

**18.** Welche Zahl muss man verdreifachen, um −7,8 zu erhalten?    **−2,6**

---

5 Lkws fahren einen Schuttberg in 12 Tagen ab.

**19.** 6 Lkws benötigen dafür **10** Tage.

**20.** 4 Lkws benötigen dafür **15** Tage.

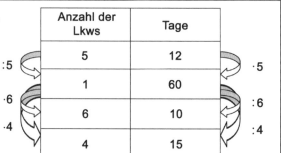

| Anzahl der Lkws | Tage |
|---|---|
| 5 | 12 |
| 1 | 60 |
| 6 | 10 |
| 4 | 15 |

Christine Reinholtz: Übung macht Mathe-fit · 7. Klasse · Best.-Nr. 846

# Übung macht Mathe-fit

Name: _____     Datum: _____

Kreuze in jeder Reihe den größten Wert an.

| | | | |
|---|---|---|---|
| **1.** | 1,5 | 15 % | $\frac{1}{5}$ |
| **2.** | 0,7 | $\frac{3}{4}$ | 72 % |
| **3.** | 11 % | 0,1 | $\frac{1}{9}$ |
| **4.** | $\frac{2}{3}$ | 67 % | 0,6 |

Berechne.

**5.** $12^2 - 12^1 =$ _____

**6.** $4^3 - 2^3 =$ _____

**7.** $10^3 \cdot 10^2 =$ _____

**8.** $2^5 \cdot 10^3 =$ _____

**9.** $5^3 \cdot 2^3 =$ _____

Ein Mobilfunkbetreiber plant zur besseren Versorgung der Orte A, B und C die Errichtung eines neuen Sendemasts. Der Sendemast soll von allen drei Orten gleich weit entfernt sein.

A ✕

 C

**10.** Konstruiere den Standpunkt des Sendemasts.

✕
B

**11.** Kevins Globus hat einen Umfang von 50 cm. Er weiß, dass der Äquator ca. 40 000 km lang ist. Kevin misst auf dem Globus eine Entfernung von 3 cm ab.

Das sind _____ in Wirklichkeit.

Kreuze an.

| | | Richtig | Falsch |
|---|---|---|---|
| **12.** | Alle Quadrate mit gleicher Seitenlänge sind kongruent. | | |
| **13.** | Alle Rechtecke mit gleichem Flächeninhalt sind kongruent. | | |
| **14.** | Alle Dreiecke mit gleichen Winkeln sind kongruent. | | |

Rechne in die angegebene Einheit um.

**15.** 35 m² = _____ cm²

**16.** 0,9 km² = _____ m²

**17.** 750 mm² = _____ cm²

**18.** 2 600 cm² = _____ m²

Berechne Volumen und Oberfläche.

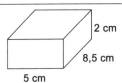
2 cm
8,5 cm
5 cm

**19.** V = _____

**20.** O = _____

Name: _____    Datum: _____

---

Kreuze in jeder Reihe den größten Wert an.

| | | | |
|---|---|---|---|
| **1.** | **X** 1,5 | 15 % | $\frac{1}{5}$ |
| **2.** | 0,7 | **X** $\frac{3}{4}$ | 72 % |
| **3.** | 11 % | 0,1 | **X** $\frac{1}{9}$ |
| **4.** | $\frac{2}{3}$ | **X** 67 % | 0,6 |

Berechne.

**5.** $12^2 - 12^1 = $ **144 – 12 = 132**

**6.** $4^3 - 2^3 = $ **64 – 8 = 56**

**7.** $10^3 \cdot 10^2 = $ **100 000**

**8.** $2^5 \cdot 10^3 = $ **32 000**

**9.** $5^3 \cdot 2^3 = $ **125 · 8 = 1 000**

---

Ein Mobilfunkbetreiber plant zur besseren Versorgung der Orte A, B und C die Errichtung eines neuen Sendemasts. Der Sendemast soll von allen drei Orten gleich weit entfernt sein.

**10.** Konstruiere den Standpunkt des Sendemasts.

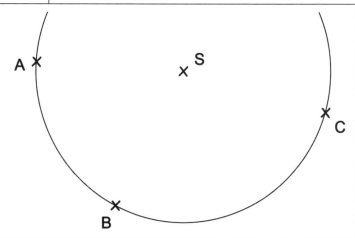

---

**11.** Kevins Globus hat einen Umfang von 50 cm. Er weiß, dass der Äquator ca. 40 000 km lang ist. Kevin misst auf dem Globus eine Entfernung von 3 cm ab.

Das sind **2 400 km** in Wirklichkeit.

---

Kreuze an.

| | | Richtig | Falsch |
|---|---|:---:|:---:|
| **12.** | Alle Quadrate mit gleicher Seitenlänge sind kongruent. | **X** | |
| **13.** | Alle Rechtecke mit gleichem Flächeninhalt sind kongruent. | | **X** |
| **14.** | Alle Dreiecke mit gleichen Winkeln sind kongruent. | | **X** |

---

Rechne in die angegebene Einheit um.

**15.** 35 m² = **350 000** cm²

**16.** 0,9 km² = **900 000** m²

**17.** 750 mm² = **7,5** cm²

**18.** 2 600 cm² = **0,26** m²

Berechne Volumen und Oberfläche.

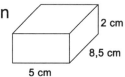

**19.** V = **85 cm³**

**20.** O = **2 · (10 cm² + 17 cm² + 42,5 cm²)**

= **139 cm²**

Christine Reinholtz: Übung macht Mathe-fit · 7. Klasse · Best.-Nr. 846

# Übung macht Mathe-fit

## Bruchrechnung I

Name: _____  Datum: _____

---

### Eine gemischte Zahl in einen unechten Bruch umwandeln:

$$5\frac{2}{3} = \frac{15}{3} + \frac{2}{3} = \frac{17}{3}$$

5 Ganze sind 5 · 3 Drittel, also
15 Drittel, plus 2 Drittel dazu
sind 17 Drittel.

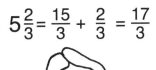

26 : 7 sind 3 Rest 5,
also 3 Ganze und 5 Siebtel.

**Und anders herum:** $\frac{26}{7} = 3\frac{5}{7}$

---

### Erweitern und kürzen:

Der Wert eines Bruches bleibt unverändert, wenn Zähler und Nenner mit der gleichen Zahl multipliziert oder dividiert werden.

$\frac{3}{7}$ mit 5 erweitern: $\frac{3 \cdot 5}{7 \cdot 5} = \frac{15}{35}$

$\frac{8}{12}$ mit 4 gekürzt: $\frac{8 : 4}{12 : 4} = \frac{2}{3}$

### Addieren und subtrahieren

Ungleichnamige Brüche werden addiert (subtrahiert), indem man sie zuerst gleichnamig macht (gleicher Hauptnenner) und dann addiert (subtrahiert).

---

Kürze so weit wie möglich.

1. $\frac{25}{60}$ = _____

3. $\frac{27}{81}$ = _____

5. $\frac{14}{84}$ = _____

2. $\frac{30}{90}$ = _____

4. $\frac{24}{36}$ = _____

6. $\frac{24}{56}$ = _____

---

Wandle in eine gemischte Zahl bzw. in einen unechten Bruch um.

7. $\frac{18}{5}$ = _____

10. $\frac{43}{8}$ = _____

13. $7\frac{4}{9}$ = _____

8. $\frac{27}{4}$ = _____

11. $\frac{54}{11}$ = _____

14. $12\frac{3}{8}$ = _____

9. $\frac{56}{9}$ = _____

12. $6\frac{2}{3}$ = _____

15. $4\frac{12}{25}$ = _____

---

16. $\frac{5}{9} + \frac{2}{3}$ = _____

20. $\frac{7}{8} - \frac{1}{4}$ = _____

17. $\frac{3}{8} + \frac{3}{4}$ = _____

21. $\frac{9}{14} - \frac{3}{8}$ = _____

18. $\frac{3}{7} + \frac{8}{15}$ = _____

22. $\frac{27}{5} - \frac{14}{15}$ = _____

19. $3\frac{4}{5} + 7\frac{2}{3}$ = _____

23. $8\frac{6}{15} - 3\frac{2}{3}$ = _____

Name: _____  Datum: _____

## Eine gemischte Zahl in einen unechten Bruch umwandeln:

$$5\frac{2}{3} = \frac{15}{3} + \frac{2}{3} = \frac{17}{3}$$

5 Ganze sind 5 · 3 Drittel, also 15 Drittel, plus 2 Drittel dazu sind 17 Drittel.

26 : 7 sind 3 Rest 5, also 3 Ganze und 5 Siebtel.

**Und anders herum:** $\frac{26}{7} = 3\frac{5}{7}$

### Erweitern und kürzen:

Der Wert eines Bruches bleibt unverändert, wenn Zähler und Nenner mit der gleichen Zahl multipliziert oder dividiert werden.

$\frac{3}{7}$ mit 5 erweitern: $\frac{3 \cdot 5}{7 \cdot 5} = \frac{15}{35}$

$\frac{8}{12}$ mit 4 gekürzt: $\frac{8 : 4}{12 : 4} = \frac{2}{3}$

### Addieren und subtrahieren

Ungleichnamige Brüche werden addiert (subtrahiert), indem man sie zuerst gleichnamig macht (gleicher Hauptnenner) und dann addiert (subtrahiert).

### Kürze so weit wie möglich.

1. $\frac{25}{60} = \frac{5}{12}$

2. $\frac{30}{90} = \frac{1}{3}$

3. $\frac{27}{81} = \frac{1}{3}$

4. $\frac{24}{36} = \frac{2}{3}$

5. $\frac{14}{84} = \frac{1}{6}$

6. $\frac{24}{56} = \frac{3}{7}$

### Wandle in eine gemischte Zahl bzw. in einen unechten Bruch um.

7. $\frac{18}{5} = 3\frac{3}{5}$

8. $\frac{27}{4} = 6\frac{3}{4}$

9. $\frac{56}{9} = 6\frac{2}{9}$

10. $\frac{43}{8} = 5\frac{3}{8}$

11. $\frac{54}{11} = 4\frac{10}{11}$

12. $6\frac{2}{3} = \frac{20}{3}$

13. $7\frac{4}{9} = \frac{67}{9}$

14. $12\frac{3}{8} = \frac{99}{8}$

15. $4\frac{12}{25} = \frac{112}{25}$

16. $\frac{5}{9} + \frac{2}{3} = \frac{5}{9} + \frac{6}{9} = \frac{11}{9} = 1\frac{2}{9}$

17. $\frac{3}{8} + \frac{3}{4} = \frac{3}{8} + \frac{6}{8} = \frac{9}{8} = 1\frac{1}{8}$

18. $\frac{3}{7} + \frac{8}{15} = \frac{45}{105} + \frac{56}{105} = \frac{101}{105}$

19. $3\frac{4}{5} + 7\frac{2}{3} = 10\frac{12}{15} + \frac{10}{15} = 10\frac{22}{15} = 11\frac{7}{15}$

20. $\frac{7}{8} - \frac{1}{4} = \frac{7}{8} - \frac{2}{8} = \frac{5}{8}$

21. $\frac{9}{14} - \frac{3}{8} = \frac{36}{56} - \frac{21}{56} = \frac{15}{56}$

22. $\frac{27}{5} - \frac{14}{15} = \frac{81}{15} - \frac{14}{15} = \frac{67}{15} = 4\frac{7}{15}$

23. $8\frac{6}{15} - 3\frac{2}{3} = 4\frac{21}{15} - \frac{10}{15} = 4\frac{11}{15}$

Christine Reinholtz: Übung macht Mathe-fit · 7. Klasse · Best.-Nr. 846

Name: _____     Datum: _____

---

1. Ein Bruch wird mit einer natürlichen Zahl multipliziert, indem man die natürliche Zahl mit dem Zähler multipliziert. Der Nenner bleibt unverändert.

2. Ein Bruch wird mit einem Bruch multipliziert, indem man Zähler mit Zähler und Nenner mit Nenner multipliziert.

$$\frac{5}{9} \cdot 8 = \frac{5 \cdot 8}{9} = \frac{40}{9} = 4\frac{4}{9}$$

So viel wie möglich vor dem Ausrechnen kürzen. Das spart Rechenarbeit.

$$\frac{4}{15} \cdot \frac{25}{36} = \frac{\overset{1}{4} \cdot \overset{5}{25}}{\underset{3}{15} \cdot \underset{9}{36}} = \frac{5}{3 \cdot 9} = \frac{5}{27}$$

3. Ein Bruch wird durch eine natürliche Zahl dividiert, indem man die natürliche Zahl mit dem Nenner multipliziert. Der Zähler bleibt unverändert.

4. Ein Bruch wird durch einen Bruch dividiert, indem man den ersten Bruch mit dem Kehrwert des zweiten Bruches multipliziert.

$$\frac{14}{25} : 21 = \frac{\overset{2}{14}}{25 \cdot \underset{3}{21}} = \frac{2}{75}$$

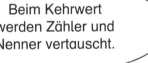

Beim Kehrwert werden Zähler und Nenner vertauscht.

$$\frac{6}{25} : \frac{9}{15} = \frac{6}{25} \cdot \frac{15}{9} = \frac{\overset{2}{6} \cdot \overset{3}{15}}{\underset{5}{25} \cdot \underset{3}{9}} = \frac{2 \cdot \overset{1}{3}}{5 \cdot \underset{1}{3}} = \frac{2}{5}$$

---

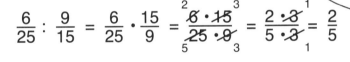

1. $\dfrac{8}{15} \cdot 21 =$ _____

5. $\dfrac{5}{24} \cdot 8 =$ _____

2. $3 \cdot \dfrac{7}{36} =$ _____

6. $3\dfrac{3}{4} \cdot 2 =$ _____

3. $\dfrac{7}{12} \cdot \dfrac{4}{9} =$ _____

7. $\dfrac{11}{18} \cdot \dfrac{24}{55} =$ _____

4. $\dfrac{5}{24} \cdot \dfrac{3}{32} =$ _____

8. $\dfrac{2}{3} \cdot \dfrac{6}{7} \cdot \dfrac{4}{9} =$ _____

---

9. $\dfrac{7}{18} : 14 =$ _____

13. $\dfrac{49}{55} : 63 =$ _____

10. $\dfrac{27}{28} : 3 =$ _____

14. $\dfrac{15}{16} : 45 =$ _____

11. $\dfrac{2}{5} : \dfrac{8}{9} =$ _____

15. $\dfrac{6}{10} : \dfrac{8}{15} =$ _____

12. $\dfrac{5}{7} : \dfrac{7}{15} =$ _____

16. $\dfrac{15}{18} : \dfrac{25}{24} =$ _____

Name: _____  Datum: _____

1. Ein Bruch wird mit einer natürlichen Zahl multipliziert, indem man die natürliche Zahl mit dem Zähler multipliziert. Der Nenner bleibt unverändert.

2. Ein Bruch wird mit einem Bruch multipliziert, indem man Zähler mit Zähler und Nenner mit Nenner multipliziert.

$$\frac{5}{9} \cdot 8 = \frac{5 \cdot 8}{9} = \frac{40}{9} = 4\frac{4}{9}$$

$$\frac{4}{15} \cdot \frac{25}{36} = \frac{\overset{1}{4} \cdot \overset{5}{25}}{\underset{3}{15} \cdot \underset{9}{36}} = \frac{5}{3 \cdot 9} = \frac{5}{27}$$

So viel wie möglich vor dem Ausrechnen kürzen. Das spart Rechenarbeit.

3. Ein Bruch wird durch eine natürliche Zahl dividiert, indem man die natürliche Zahl mit dem Nenner multipliziert. Der Zähler bleibt unverändert.

4. Ein Bruch wird durch einen Bruch dividiert, indem man den ersten Bruch mit dem Kehrwert des zweiten Bruches multipliziert.

$$\frac{14}{25} : 21 = \frac{\overset{2}{14}}{25 \cdot \underset{3}{21}} = \frac{2}{75}$$

$$\frac{6}{25} : \frac{9}{15} = \frac{6}{25} \cdot \frac{15}{9} = \frac{\overset{2}{6} \cdot \overset{3}{15}}{\underset{5}{25} \cdot \underset{3}{9}} = \frac{2 \cdot \overset{1}{3}}{5 \cdot \underset{1}{3}} = \frac{2}{5}$$

Beim Kehrwert werden Zähler und Nenner vertauscht.

**1.** $\dfrac{8}{15} \cdot 21 = \dfrac{56}{5} = 11\dfrac{1}{5}$

**2.** $3 \cdot \dfrac{7}{36} = \dfrac{7}{12}$

**3.** $\dfrac{7}{12} \cdot \dfrac{4}{9} = \dfrac{7}{27}$

**4.** $\dfrac{5}{24} \cdot \dfrac{3}{32} = \dfrac{5}{256}$

**5.** $\dfrac{5}{24} \cdot 8 = \dfrac{5}{3} = 11\dfrac{2}{3}$

**6.** $3\dfrac{3}{4} \cdot 2 = 7\dfrac{1}{2}$

**7.** $\dfrac{11}{18} \cdot \dfrac{24}{55} = \dfrac{8}{30} = \dfrac{4}{15}$

**8.** $\dfrac{2}{3} \cdot \dfrac{6}{7} \cdot \dfrac{4}{9} = \dfrac{16}{63}$

**9.** $\dfrac{7}{18} : 14 = \dfrac{1}{36}$

**10.** $\dfrac{27}{28} : 3 = \dfrac{9}{28}$

**11.** $\dfrac{2}{5} : \dfrac{8}{9} = \dfrac{2}{5} \cdot \dfrac{9}{8} = \dfrac{9}{20}$

**12.** $\dfrac{5}{7} : \dfrac{7}{15} = \dfrac{5}{7} \cdot \dfrac{15}{7} = \dfrac{75}{49} = 1\dfrac{26}{49}$

**13.** $\dfrac{49}{55} : 63 = \dfrac{7}{495}$

**14.** $\dfrac{15}{16} : 45 = \dfrac{1}{48}$

**15.** $\dfrac{6}{10} : \dfrac{8}{15} = \dfrac{6}{10} \cdot \dfrac{15}{8} = \dfrac{9}{8} = 1\dfrac{1}{8}$

**16.** $\dfrac{15}{18} : \dfrac{25}{24} = \dfrac{15}{18} \cdot \dfrac{24}{25} = \dfrac{24}{30} = \dfrac{4}{5}$

Christine Reinholtz: Übung macht Mathe-fit, 7. Klasse, Best.-Nr. 846

# Übung macht Mathe-fit    Rechnen mit Einheiten I

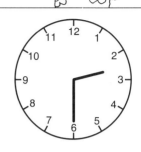

Name: _____     Datum: _____

### Länge

| km | | m | | dm | | cm | | mm |
|---|---|---|---|---|---|---|---|---|
| 1 | = | 1 000 | = | 10 000 | = | 100 000 | = | 1 000 000 |
| | | 1 | = | 10 | = | 100 | = | 1 000 |
| | | | | 1 | = | 10 | = | 100 |
| | | | | | | 1 | = | 10 |

### Masse

| t | | kg | | g | | mg |
|---|---|---|---|---|---|---|
| 1 | = | 1 000 | = | 1000 000 | = | 1000 000 000 |
| | | 1 | = | 1 000 | = | 1000 000 |
| | | | | 1 | = | 1 000 |

### Zeit

| | | |
|---|---|---|
| 1 min | = | 60 s |
| 1 h | = | 60 min |
| 1 d | = | 24 h |
| 1 Jahr | = | 365 d |

---

1.   458 dm   = _____ m     5.   460 mm   = _____ m

2.   2,7 km   = _____ m     6.   7 m 6 cm   = _____ cm

3.   87 mm   = _____ cm     7.   0,0086 km   = _____ m

4.   69 m   = _____ km     8.   0,063 m   = _____ cm

---

9.   230 g   = _____ kg     13.   1,008 kg   = _____ g

10.   84,5 t   = _____ kg     14.   0,08 t   = _____ kg

11.   1 080 mg   = _____ g     15.   3 kg 78 g   = _____ g

12.   8 t 50 kg   = _____ kg     16.   45 g 5 mg   = _____ g

---

17.   350 min   = ___ h ___ min     20.   3 h 17 min   = _____ min

18.   675 s   = ___ min ___ s     21.   2 Jahre   = _____ d

19.   7 d 27 h   = ___ h     22.   5 Wochen 4 d   = _____ d

---

| | Anfang | Ende | Fahrzeit |
|---|---|---|---|
| 23. | 13.35 Uhr | 18.50 Uhr | |
| 24. | 12.24 Uhr | 21.56 Uhr | |
| 25. | 9.47 Uhr | | 6 h 38 min |
| 26. | 14.28 Uhr | | 9 h 57 min |
| 27. | | 17.25 Uhr | 5 h 36 min |
| 28. | | 8.23 Uhr | 9 h 12 min |

Name: _____  Datum: _____

**Länge**

| km | | m | | dm | | cm | | mm |
|---|---|---|---|---|---|---|---|---|
| 1 | = | 1 000 | = | 10 000 | = | 100 000 | = | 1 000 000 |
| | | 1 | = | 10 | = | 100 | = | 1 000 |
| | | | | 1 | = | 10 | = | 100 |
| | | | | | | 1 | = | 10 |

**Masse**

| t | | kg | | g | | mg |
|---|---|---|---|---|---|---|
| 1 | = | 1 000 | = | 1000 000 | = | 1000 000 000 |
| | | 1 | = | 1 000 | = | 1000 000 |
| | | | | 1 | = | 1 000 |

**Zeit**

| | | |
|---|---|---|
| 1 min | = | 60 s |
| 1 h | = | 60 min |
| 1 d | = | 24 h |
| 1 Jahr | = | 365 d |

| | | | | | |
|---|---|---|---|---|---|
| **1.** | 458 dm | = | **45,8** m | | |
| **2.** | 2,7 km | = | **2 700** m | | |
| **3.** | 87 mm | = | **8,7** cm | | |
| **4.** | 69 m | = | **0,069** km | | |

| **5.** | 460 mm | = | **0,46** m |
|---|---|---|---|
| **6.** | 7 m 6 cm | = | **706** cm |
| **7.** | 0,0086 km | = | **8,6** m |
| **8.** | 0,063 m | = | **6,3** cm |

| **9.** | 230 g | = | **0,23** kg |
|---|---|---|---|
| **10.** | 84,5 t | = | **84 500** kg |
| **11.** | 1 080 mg | = | **1,08** g |
| **12.** | 8 t 50 kg | = | **8 050** kg |

| **13.** | 1,008 kg | = | **1 008** g |
|---|---|---|---|
| **14.** | 0,08 t | = | **80** kg |
| **15.** | 3 kg 78 g | = | **3 078** g |
| **16.** | 45 g 5 mg | = | **45 005** g |

| **17.** | 350 min | = | **5 h 50 min** |
|---|---|---|---|
| **18.** | 675 s | = | **11 min 15 s** |
| **19.** | 7 d 27 h | = | **195** h |

| **20.** | 3 h 17 min | = | **197** min |
|---|---|---|---|
| **21.** | 2 Jahre | = | **730** d |
| **22.** | 5 Wochen 4 d | = | **39** d |

| | Anfang | Ende | Fahrzeit |
|---|---|---|---|
| **23.** | 13.35 Uhr | 18.50 Uhr | **5 h 15 min** |
| **24.** | 12.24 Uhr | 21.56 Uhr | **9 h 32 min** |
| **25.** | 9.47 Uhr | **16.25 Uhr** | 6 h 38 min |
| **26.** | 14.28 Uhr | **0.25 Uhr** | 9 h 57 min |
| **27.** | **11.49 Uhr** | 17.25 Uhr | 5 h 36 min |
| **28.** | **23.11 Uhr** | 8.23 Uhr | 9 h 12 min |

# Übung macht Mathe-fit   Rechnen mit Einheiten II

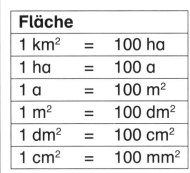

Name: _____   Datum: _____

| Fläche | | |
|---|---|---|
| 1 km² | = | 100 ha |
| 1 ha | = | 100 a |
| 1 a | = | 100 m² |
| 1 m² | = | 100 dm² |
| 1 dm² | = | 100 cm² |
| 1 cm² | = | 100 mm² |

| Volumen | | |
|---|---|---|
| 1 km³ | = | 1 000 000 000 m³ |
| 1 m³ | = | 1 000 dm³ |
| 1 dm³ | = | 1 000 cm³ |
| 1 cm³ | = | 1 000 mm³ |

| Rauminhalt | | |
|---|---|---|
| 1 hl | = | 100 l |
| 1 l | = | 10 dl |
| 1 dl | = | 10 cl |
| 1 cl | = | 10 ml |

| 1 l | = | 1 dm³ |
|---|---|---|

**1.**  50 dm² = _____ m²          **6.**  8 700 mm² = _____ dm²

**2.**  8,1 km² = _____ ha          **7.**  250 ha = _____ m²

**3.**  4 300 mm² = _____ cm²          **8.**  2 150 mm² = _____ cm²

**4.**  7,4 m² = _____ a          **9.**  0,78 m² = _____ cm²

**5.**  6,4 ha = _____ m²          **10.**  20,55 m² = _____ cm²

**11.**  3,8 m³ = _____ dm³          **16.**  3 080 cm³ = _____ m³

**12.**  92 cm³ = _____ mm³          **17.**  0,09 km³ = _____ m³

**13.**  150 mm³ = _____ cm³          **18.**  750 dm³ = _____ m³

**14.**  200 dm³ = _____ cm³          **19.**  6,05 m³ = _____ dm³

**15.**  0,5 m³ = _____ dm³          **20.**  400 cm³ = _____ dm³

**21.**  570 hl = _____ l          **26.**  380 l = _____ hl

**22.**  0,7 l = _____ cl          **27.**  0,25 l = _____ dl

**23.**  6 500 ml = _____ l          **28.**  56,8 l = _____ ml

**24.**  14 dl = _____ l          **29.**  0,34 dl = _____ cl

**25.**  6,2 hl = _____ l          **30.**  550 ml = _____ cl

**31.**  4,5 l = _____ dm³          **36.**  5 000 ml = _____ dm³

**32.**  1 m³ = _____ l          **37.**  25 000 l = _____ m³

**33.**  280 l = _____ m³          **38.**  0,8 dm³ = _____ cl

**34.**  0,6 m³ = _____ l          **39.**  220 m³ = _____ l

**35.**  78 dm³ = _____ dl          **40.**  360 cl = _____ dm³

Name: _____    Datum: _____

| Fläche | |
|---|---|---|
| 1 km² | = | 100 ha |
| 1 ha | = | 100 a |
| 1 a | = | 100 m² |
| 1 m² | = | 100 dm² |
| 1 dm² | = | 100 cm² |
| 1 cm² | = | 100 mm² |

| Volumen | | |
|---|---|---|
| 1 km³ | = | 1 000 000 000 m³ |
| 1 m³ | = | 1 000 dm³ |
| 1 dm³ | = | 1 000 cm³ |
| 1 cm³ | = | 1 000 mm³ |

| Rauminhalt | | |
|---|---|---|
| 1 hl | = | 100 l |
| 1 l | = | 10 dl |
| 1 dl | = | 10 cl |
| 1 cl | = | 10 ml |

| 1 l | = | 1 dm³ |
|---|---|---|

1. 50 dm² = **0,5** m²
2. 8,1 km² = **810** ha
3. 4 300 mm² = **43** cm²
4. 7,4 m² = **0,074** a
5. 6,4 ha = **64 000** m²

6. 8 700 mm² = **0,87** dm²
7. 250 ha = **2 500 000** m²
8. 2 150 mm² = **21,5** cm²
9. 0,78 m² = **7 800** cm²
10. 20,55 m² = **205 500** cm²

11. 3,8 m³ = **3 800** dm³
12. 92 cm³ = **92 000** mm³
13. 150 mm³ = **0,15** cm³
14. 200 dm³ = **200 000** cm³
15. 0,5 m³ = **500** dm³

16. 3 080 cm³ = **0,00308** m³
17. 0,09 km³ = **90 000 000** m³
18. 750 dm³ = **0,75** m³
19. 6,05 m³ = **6 050** dm³
20. 400 cm³ = **0,4** dm³

21. 570 hl = **57 000** l
22. 0,7 l = **70** cl
23. 6 500 ml = **6,5** l
24. 14 dl = **1,4** l
25. 6,2 hl = **620** l

26. 380 l = **3,8** hl
27. 0,25 l = **2,5** dl
28. 56,8 l = **56 800** ml
29. 0,34 dl = **3,4** cl
30. 550 ml = **55** cl

31. 4,5 l = **4,5** dm³
32. 1 m³ = **1 000** l
33. 280 l = **0,28** m³
34. 0,6 m³ = **600** l
35. 78 dm³ = **780** dl

36. 5 000 ml = **5** dm³
37. 25 000 l = **25** m³
38. 0,8 dm³ = **80** cl
39. 220 m³ = **220 000** l
40. 360 cl = **3,6** dm³

Christine Reinholtz: Übung macht Mathe-fit · 7. Klasse · Best.-Nr. 846

Name: _____    Datum: _____

$$\frac{7}{20} = \frac{35}{100} = 0,35 = 35\,\%$$

Erweitere auf den Nenner 100 und schreibe als Dezimalzahl und in Prozent.

Schreibe als Dezimalzahl, als Bruch mit dem Nenner 100 und kürze.

$$75\,\% = 0,75 = \frac{75}{100} = \frac{3}{4}$$

| | Bruch | | | | Dezimalzahl | | Prozent |
|---|---|---|---|---|---|---|---|
| 1. | $\frac{1}{4}$ | = | | = | | = | |
| 2. | | = | | = | 0,3 | = | |
| 3. | | = | | = | | = | 20 % |
| 4. | | = | | = | 0,04 | = | |
| 5. | $\frac{4}{5}$ | = | | = | | = | |
| 6. | | = | | = | | = | 15 % |
| 7. | | = | — | = | $0,\overline{66}$ | = | |
| 8. | $\frac{9}{10}$ | = | | = | | = | |
| 9. | | = | | = | | = | 85 % |
| 10. | | = | | = | 1,2 | = | |
| 11. | | = | | = | | = | 2,5 % |
| 12. | $\frac{3}{8}$ | = | | = | | = | |
| 13. | | = | | = | 0,11 | = | |
| 14. | | = | | = | | = | 105 % |
| 15. | | = | | = | 2,5 | = | |

Name: _____  Datum: _____

$$\frac{7}{20} = \frac{35}{100} = 0,35 = 35\,\%$$

Erweitere auf den Nenner 100 und schreibe als Dezimalzahl und in Prozent.

Schreibe als Dezimalzahl, als Bruch mit dem Nenner 100 und kürze.

$$75\,\% = 0,75 = \frac{75}{100} = \frac{3}{4}$$

| | Bruch | | | | Dezimalzahl | | Prozent |
|---|---|---|---|---|---|---|---|
| 1. | $\frac{1}{4}$ | = | $\frac{25}{100}$ | = | 0,25 | = | 25 % |
| 2. | $\frac{3}{10}$ | = | $\frac{30}{100}$ | = | 0,3 | = | 30 % |
| 3. | $\frac{1}{5}$ | = | $\frac{20}{100}$ | = | 0,2 | = | 20 % |
| 4. | $\frac{1}{25}$ | = | $\frac{4}{100}$ | = | 0,04 | = | 4 % |
| 5. | $\frac{4}{5}$ | = | $\frac{80}{100}$ | = | 0,8 | = | 80 % |
| 6. | $\frac{3}{20}$ | = | $\frac{15}{100}$ | = | 0,15 | = | 15 % |
| 7. | $\frac{2}{3}$ | = | — | = | $0,\overline{66}$ | = | $66,\overline{6}\,\%$ |
| 8. | $\frac{9}{10}$ | = | $\frac{90}{100}$ | = | 0,9 | = | 90 % |
| 9. | $\frac{17}{20}$ | = | $\frac{85}{100}$ | = | 0,85 | = | 85 % |
| 10. | $\frac{6}{5}$ | = | $\frac{120}{100}$ | = | 1,2 | = | 120 % |
| 11. | $\frac{1}{40}$ | = | $\frac{25}{1000}$ | = | 0,025 | = | 2,5 % |
| 12. | $\frac{3}{8}$ | = | $\frac{375}{1000}$ | = | 0,375 | = | 37,5 % |
| 13. | $\frac{11}{100}$ | = | $\frac{11}{100}$ | = | 0,11 | = | 11 % |
| 14. | $\frac{21}{20}$ | = | $\frac{105}{100}$ | = | 1,05 | = | 105 % |
| 15. | $\frac{5}{2}$ | = | $\frac{250}{100}$ | = | 2,5 | = | 250 % |

Christine Reinholtz: Übung macht Mathe-fit · 7. Klasse · Best.-Nr. 846

# Übung macht Mathe-fit

## Arbeitsbogen zur Vorbereitung auf die Klassenarbeit

Name: _____ Datum: _____

Gucke dir deine letzten Arbeitsbögen von „Übung macht Mathe-fit" noch einmal genau an und schreibe bei **Thema oder Beispielaufgabe** auf, was du noch nicht so gut konntest. Notiere auch Arbeitsbogennummer (AB) und Aufgabennummer (Nr.). Übe die Aufgaben und/oder lass sie dir erklären.

| Thema oder Beispielaufgabe: | AB | Nr. | erklärt/geübt am: | | |
|---|---|---|---|---|---|
| | | | | | |
| | | | | | |
| | | | | | |
| | | | | | |
| | | | | | |
| | | | | | |
| | | | | | |
| | | | | | |
| | | | | | |
| | | | | | |

# Klassenarbeit Nr. ◯

## Übung macht Mathe-fit

 *Viel Erfolg!*

Name: _____  Datum: _____

---

Berechne im Kopf.

**1.** $400 \cdot 0,5$ = _____

**2.** $90 \cdot 2,2$ = _____

**3.** $0,07 \cdot 13$ = _____

**4.** $200 \cdot 4,1$ = _____

**5.** $0,0015 \cdot 30$ = _____

Berechne Volumen und Oberfläche des Quaders.

**6.** V = _____

**7.** O = _____

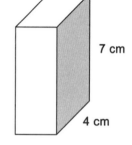

7 cm

4 cm

2 cm

---

**8.** Zeichne einen Kreis mit dem Mittelpunkt M (4|3) und einem Radius von 2,5 cm.

**9.** Zeichne das Viereck.
A (2|2)       B (5,5|3)
C (5,5|7)     D (2|6)

**10.** Der Kreis schneidet das Viereck in den Punkten

(_____|_____) und

(_____|_____).

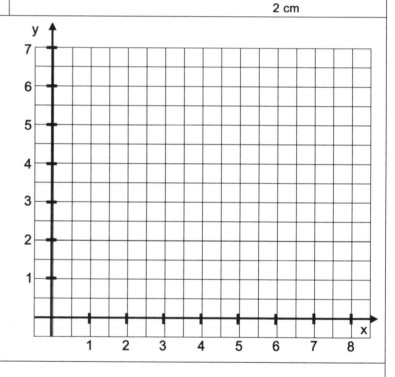

---

Berechne.

**11.** $64 + 6 \cdot 14 - 28 : (4 + 10)$ = _____

**12.** $((54 - 36 : 9) + 13) \cdot 2 - 27$ = _____

---

Rechne die Flächeneinheiten um.

**13.** $60 \text{ m}^2$ = _____ $\text{cm}^2$

**14.** $54 \text{ dm}^2$ = _____ $\text{m}^2$

**15.** $840\,000 \text{ m}^2$ = _____ $\text{km}^2$

Runde auf Hundertstel.

**16.** $34,7439$ ≈ _____

**17.** $3,99555$ ≈ _____

**18.** $146,146$ ≈ _____

Christine Reinholtz: Übung macht Mathe-fit · 7. Klasse · Best.-Nr. 846

Im Tagesverlauf verändern sich die Temperaturen.
Berechne die neuen Temperaturen.

| | Anfangs-temperatur | Ver-änderung | End-temperatur |
|---|---|---|---|
| **19.** | + 9 °C | 15 °C kälter | |
| **20.** | − 4 °C | 10 °C wärmer | |
| **21.** | − 8 °C | 8 °C kälter | |
| **22.** | − 17 °C | 9 ° wärmer | |

Miss die Winkel.

**23.** α =

**24.** β =

**25.** γ =

**26.** δ =

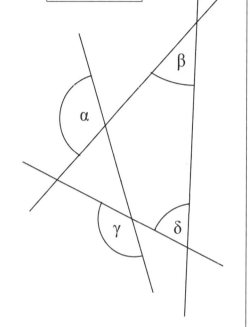

**27.** Dividiere schriftlich.

| 8 | 5 | 6 | 6 | 3 | : | 1 | 7 | = | | | |
|---|---|---|---|---|---|---|---|---|---|---|---|
| | | | | | | | | | | | |
| | | | | | | | | | | | |
| | | | | | | | | | | | |
| | | | | | | | | | | | |
| | | | | | | | | | | | |
| | | | | | | | | | | | |
| | | | | | | | | | | | |
| | | | | | | | | | | | |
| | | | | | | | | | | | |
| | | | | | | | | | | | |

Berechne. Kürze, wenn möglich.

**28.** $\dfrac{3}{10} \cdot \dfrac{5}{8}$ = _____

**29.** $\dfrac{7}{9} \cdot \dfrac{9}{14}$ = _____

**30.** $\dfrac{12}{30} \cdot \dfrac{2}{27}$ = _____

Wie viele Prozent sind gefärbt?

**31.** _____

**32.** _____

Berechne.

**33.** 10 % von 38 kg = _____

**34.** 25 % von 64 € = _____

**35.** 90 % von 270 km = _____

*Jetzt hast du es geschafft!*

Datum: _____ _____ / _____ P. _____

**Viel Erfolg!**

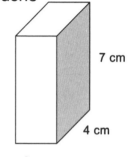

Name: _____    Datum: _____

---

**Berechne im Kopf.**

1. $400 \cdot 0,5 = \textbf{200}$

2. $90 \cdot 2,2 = \textbf{198}$

3. $0,07 \cdot 13 = \textbf{0,91}$

4. $200 \cdot 4,1 = \textbf{820}$

5. $0,0015 \cdot 30 = \textbf{0,045}$

---

**Berechne Volumen und Oberfläche des Quaders.**

6. $V = \textbf{56 cm}^3$

7. $O = \textbf{100 cm}^2$

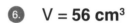

7 cm
4 cm
2 cm

---

8. Zeichne einen Kreis mit dem Mittelpunkt M (4|3) und einem Radius von 2,5 cm.

9. Zeichne das Viereck.
A (2|2)      B (5,5|3)
C (5,5|7)      D (2|6)

10. Der Kreis schneidet das Viereck in den Punkten

   **(2|4,5)** und

   **(5,5|5)**.

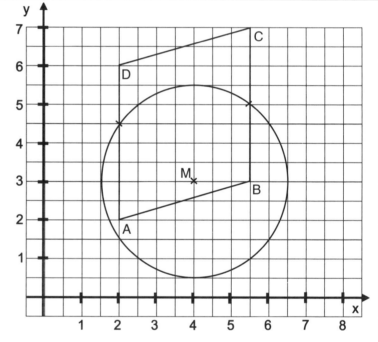

---

**Berechne.**

11. $64 + 6 \cdot 14 - 28 : (4 + 10) = \textbf{64 + 84 - 28 : 14 = 148 - 2 = 146}$

12. $((54 - 36 : 9) + 13) \cdot 2 - 27 = \textbf{((54 - 4) + 13)} \cdot \textbf{2 - 27 = 63} \cdot \textbf{2 - 27 = 99}$

---

**Rechne die Flächeneinheiten um.**

13. $60 \text{ m}^2 = \textbf{600 000 cm}^2$

14. $54 \text{ dm}^2 = \textbf{0,54 m}^2$

15. $840\,000 \text{ m}^2 = \textbf{0,84 km}^2$

**Runde auf Hundertstel.**

16. $34,7439 \approx \textbf{34,74}$

17. $3,99555 \approx \textbf{4,00}$

18. $146,146 \approx \textbf{146,15}$

---

Christine Reinholtz: Übung macht Mathe-fit · 7. Klasse · Best.-Nr. 846

Im Tagesverlauf verändern sich die Temperaturen. Berechne die neuen Temperaturen.

| | Anfangs-temperatur | Ver-änderung | End-temperatur |
|---|---|---|---|
| 19. | + 9 °C | 15 °C kälter | **–6 °C** |
| 20. | – 4 °C | 10 °C wärmer | **+6 °C** |
| 21. | – 8 °C | 8 °C kälter | **–16 °C** |
| 22. | – 17 °C | 9 °C wärmer | **–8 °C** |

Miss die Winkel.

| | |
|---|---|
| 23. | $\alpha$ = **121°** |
| 24. | $\beta$ = **40°** |
| 25. | $\gamma$ = **135°** |
| 26. | $\delta$ = **65°** |

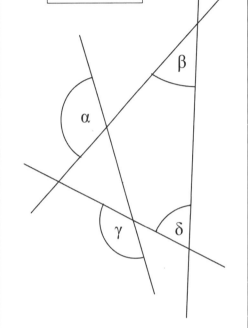

27. Dividiere schriftlich.

```
  8 5 6 6 3 : 1 7 = 5 0 3 9
- 8 5
    0 6 6
  -   5 1
      1 5 3
    - 1 5 3
          0
```

Berechne. Kürze, wenn möglich.

28. $\dfrac{3}{10} \cdot \dfrac{5}{8} = \dfrac{3}{16}$

29. $\dfrac{7}{9} \cdot \dfrac{9}{14} = \dfrac{1}{2}$

30. $\dfrac{12}{30} \cdot \dfrac{2}{27} = \dfrac{4}{135}$

Wie viele Prozent sind gefärbt?

31. **75 %**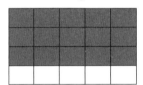

32. **40 %**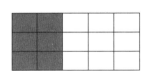

Berechne.

33. 10 % von 38 kg = **3,8 kg**

34. 25 % von 64 € = **16 €**

35. 90 % von 270 km = **243 km**

*Jetzt hast du es geschafft!*

Datum: _____ _____ / _____ P. _____